Anton Uhl

Psychoanalyse und Mystik

Zwei Vorträge

Inhalt

Meiner Frau

Herstellung: Books on Demand GmbH

ISBN 3-8311-4430-3

Vortrag auf dem DPG–Kongreß

„Psychoanalyse und Zeit"

in Regensburg (30. April 2000)

Psychoanalyse und mystische Zeiterfahrung

„Wenn man unter Ewigkeit nicht unendliche
Zeitdauer, sondern Unzeitlichkeit versteht,
dann lebt der ewig, der in der Gegenwart lebt."

Ludwig Wittgenstein

(I)

„Ich habe in letzter Zeit mit Freud einige Briefe gewechselt zum Thema zweier verbotener Welten: der Mystik und der Musik. (Er flieht beide)." So schreibt am 25. Juli 1929 Romain Rolland an Stefan Zweig.

Das Thema meines Vortrages ist eine der beiden verbotenen Welten, die Freud floh, nämlich die Mystik. Genauer: das Verhältnis von Psychoanalyse und Mystik und das Verhältnis der Mystik zur Zeit.

Der Vortrag gliedert sich in drei Teile:

1. In einer historischen Einführung wird dargestellt, wie das Thema Mystik in der klassischen Psychoanalyse erscheint und behandelt wird. Freuds Reduktion des Mystischen auf einen frühen psychischen Entwicklungszustand wird in Zweifel gezogen.

2. Anhand von mystischen Zeugnissen aus dem Hinduismus, Buddhismus und Christentum wird gezeigt, daß die mystische Erfahrung der Zeit die Erfahrung der zeitlosen Wesensnatur der menschlichen Existenz ist.

3. Beispiele von mystischen Erfahrungen aus der analytischen Praxis werden geschildert und unter dem Begriff der Zeitfreiheit zusammengefaßt.

Rolland war es, der Freud mit der Frage der Mystik, mit der Tatsache einer Erfahrung des Unendlichen konfrontierte. Die Herausforderung, mit der Rolland an Freud herantritt, ist die These, daß Freud in seiner Religionsschrift (1927) die eigentliche Quelle der Religiosität nicht erfaßt habe. Diese Quelle aber sei „ein Gefühl, wie von etwas Unbegrenztem, Schrankenlosem, gleichsam „Ozeanischem". (...) Nur aufgrund dieses ozeanischen Gefühls dürfe man sich religiös heißen, auch wenn man jeden Glauben und jede Illusion ablehne" (G.W. 14, S. 422). Es ist das berühmte **ozeanische Gefühl**, das hier verhandelt wird. Rollland bringt es mit der Mystik in Verbindung, ja scheint es mit ihr bei-

9

nahe gleichzusetzen. Im Gegensatz zu Rolland hat Freud dieses mystische Gefühl nicht aus eigener Erfahrung gekannt (G.W. 14, S. 423).

Dennoch hatte Freud eine Vorstellung von diesem ozeanischen Gefühl und etwas davon muß ihm auch emotional zugänglich gewesen sein, denn er spricht von einem "Gefühl der unauflösbaren Verbundenheit, der Zusammengehörigkeit mit dem Ganzen der Außenwelt" (G.W. 14, S. 423).

Tatsächlich hat Freud in seiner Beschreibung des ozeanischen Gefühls zwei Wesensmerkmale der mystischen Erfahrung klar erfaßt: erstens die Erfahrung der **Grenzenlosigkeit** und Unendlichkeit, zweitens die **Allverbundenheit**, die Erfahrung der Einheit mit allem. Aber Freuds materialistischer Zug hindert ihn daran, die Essenz der mystischen Erfahrung zu verstehen:
Er kann die Allverbundenheit nur als eine Verbundenheit mit dem sichtbaren Universum verstehen, nicht aber, wie Rolland, als Einssein mit dem universellen Geist, der allen Erscheinungsformen zugrunde liegt, der sich in allen Erscheinungsformen ausdrückt.

Freud hat seine Vorstellung und emotionale Erfahrung von Allverbundenheit mit einem Ausspruch Hannibals aus dem Drama **Grabbes** verknüpft: „Aus dieser Welt können wir nicht fallen, das ist die größte Sicherung" (2.8.14 an Abraham). In Grabbes Drama ist der Kontext der, daß die Freunde Turnu und Hannibal in aussichtsloser Lage beschließen, sich durch einen Gifttrunk der Gefangennahme durch die Römer zu entziehen. Turnu sagt: „Wir werfen das alte Fell ab, wie die Schlangen im Frühjahr und sollst sehen, wir bekommen anderswo ein anderes" – Hannibal antwortet: „Ja, aus der Welt werden wir nicht fallen. Wir sind einmal drin. - Trink" (V. Akt). Turnu spricht an dieser Stelle recht eindeutig von Reinkarnation. Hannibals Antwort aber ist, obwohl sie zunächst Turnu zu bestätigen scheint, doch eine andere. Die Einheit mit der Welt, aus der wir nicht fallen können, schließt nicht zwangsläufig die Vorstellung einer Wiedergeburt mit ein.
Freud wollte von Reinkarnation nichts wissen. Er hielt die Vorstellung, wiedergeboren zu werden und dabei kein Gedächtnis an die

Vorexistenz zu haben, für unsinnig und nutzlos (Viereck, S. 68). Aber er hielt an dem Gedanken der Einheit der Welt fest, in der alle Formen vergehen und neue entstehen, wobei das Ganze sich erhält. In Situationen der Angst, zum Beispiel bei Ausbruch des Ersten Weltkriegs, machte sich Freud mit dem Hannibal–Zitat Mut.

Lou Andreas-Salome war vielleicht die erste, die diese Geborgenheitserfahrung mit einem Ursprungszustand verband, „wo der noch gar nicht recht objektgelöste, von „Objekt" wissende Narzißmus zum eigentlichen, sich der Welt gegenübersetzenden Ich erwächst" (15.7.15 an Freud). Freuds Rückführung des ozeanischen Gefühls auf einen ontogenetischen Primärzustand, den primären Narzißmus, ist hier in Lous Worten bereits vorgezeichnet.

Freud reagierte damals auf Lous Gedanken genauso wie später auf Rollands Einwand, nämlich widerstrebend: „Die Einheit der Welt scheint mir etwas Selbstverständliches, was der Hervorhebung nicht wert ist. Was mich interessiert, ist die Scheidung und Gliederung dessen, was sonst in einen Urbrei zusammenfließen würde. Auch die Versicherung, die man am schönsten im **Hannibal** von Grabbe findet: Aus dieser Welt werden wir nicht fallen, scheint mir kein Ersatz für das Aufgeben der Ich-Grenzen, das schmerzhaft genug sein mag" (30.7.15) – womit Freud den Tod meint. Man sieht: Freud hing an seinem Ich, das er nicht verlieren wollte. Das Ozeanische assoziierte er offensichtlich mit einem ihm widerstrebenden Verlust der Ich-Grenzen. Er setzte es mit einem „Urbrei" gleich, den er floh, in den er nicht zurück wollte. Dennoch hat Freud das ozeanische Gefühl nicht pathologisiert, sondern eben als Relikt der Psychogenese, gewissermaßen als „survival" im Sinne Tylors gedeutet.

Hier stoßen wir auf zwei typische Mißverständnisse, die der mystischen Erfahrung auch heute noch begegnen: Zum einen wird Mystik als etwas Chaotisches, Undifferenziertes, mit dem Verlust von Ich-Grenzen, ja Ich–Funktionen Verbundenes angesehen und zum anderen wird dieser „Urbrei" auf einen primitiven seelischen Zustand zurückgeführt, in der damaligen Terminologie war es der primäre Narzißmus.

Ich werde im Folgenden zu zeigen versuchen, daß die mystische Erfahrung mit einem Verlust der Ich-Funktionen, einem undifferenzierten Chaos absolut nichts zu tun hat. Ich werde auch zu zeigen versuchen, daß die mystische Erfahrung keineswegs auf einen primären ontogenetischen Zustand, sei er symbiotisch oder präsymbiotisch, reduziert werden kann.

Freud berief sich aber nicht nur auf Grabbe, um das ozeanische Gefühl zu charakterisieren, sondern mehrfach auch auf **Anzengruber** und dessen Stück „Die Kreuzel-Schreiber". In diesem Stück erzählt der Steinklopferhanns, wie er in tiefster Verzweiflung und schwerer Krankheit, schon dem Tode nahe, eine Eingebung erfuhr, die er in die Worte faßte: „Es kann dir nix gschehn ! - Du ghörst zu dem alln und dös alls ghört zu dir ! Es kann dir nix gschehn !" (3. Akt, 1. Szene). Mit dieser Erfahrung ist alle Todesangst abgefallen. Es ist dies die authentische Beschreibung einer echten mystischen Erfahrung.

Der junge **Ludwig Wittgenstein** sah 1910 in Wien dieses Stück und machte dabei selbst eine tiefe Erfahrung (Vergleiche Wittgenstein, Geheime Tagebücher, S. 82, FN 1), die er (1930) so schildert: „Man könnte es das Erlebnis nennen des Gefühls, **absolut** geborgen zu sein. Ich meine damit den Seelenzustand, in dem man sagen möchte „Ich bin in Sicherheit, und was auch immer geschehen mag, kann mir nichts anhaben"" (ebd., S. 82). In seiner Reflexion darüber sagt Wittgenstein: „Das Paradoxe ist, daß ein Erlebnis, eine Tatsache übernatürlichen Wert zu haben scheint" (ebd., S. 86). Aber **dies** sei nicht beschreibbar. Wenn wir das absolute Urvertrauen beschreiben wollen, dann rennen wir gegen die Grenzen der Sprache an. „Dieses Anrennen gegen die Grenzen unseres Käfiges ist völlig und vollkommen hoffnungslos" (ebd., S. 86). Im Tractatus logico–philosophicus schrieb Wittgenstein: „Es gibt allerdings Unaussprechliches. Dies **zeigt** sich, es ist das Mystische" (6.522). Wittgensteins berühmter Schlußsatz - „Wovon man nicht sprechen kann, darüber muß man schweigen" (7) – deutet auf eine Begrenzung der Sprache, die allen Mystikern bewußt ist: „Darum bedeutet es viel mehr, über Gott zu schweigen, als zu reden" sagt Meister Eckhart (Predigt 36B, BDK I, S. 396).

Dennoch ist es möglich, über Mystik zu sprechen. Mit seinem Verdikt hat Wittgenstein eine Art Sprachtabu errichtet; er hat die Mystik dadurch gewissermaßen selbst mystifiziert. Denn im Grunde genommen verhält es sich mit der mystischen Erfahrung nicht anders als mit der Erfahrung des Unbewußten. Durch Lektüre und kognitive Anstrengung allein kann es nicht begriffen werden. Wer eine tatsächliche Erfahrung von der Existenz und Wirksamkeit des Unbewußten machen will, der mache eine Analyse. Und wer eine tatsächliche Erfahrung der mystischen Wirklichkeit machen will, der begebe sich auf einen Meditationsweg. So wie diejenigen, die eine lebendige Erfahrung des Unbewußten gemacht haben, sich darüber verständigen können, so können auch diejenigen, die eine lebendige mystische Erfahrung gemacht haben, sich darüber austauschen und sie verstehen sich dabei sehr gut.

Ich kehre zurück zu Freud. Freuds Versuch, das Ozeanische abzuleiten, führt auf das Postulat eines primären allumfassenden Ich-Gefühls zurück: „Ursprünglich enthält das Ich alles, später scheidet es eine Außenwelt von sich ab" (G.W. 14, S. 425). Freuds Reduktion ist aber nicht neu. Vor ihm war es F. **Morel**, der die mystische Introversion (1918) als **„Zurückgehen bis in den Mutterschoß"** (zitiert nach Rolland: Vivekananda II, S. 216, FN 2) gedeutet hatte. Rolland aber warf Morel und Freud vor, daß sie alles das, was sie von dieser unbekannten Welt verschwommen erkennten, immer wieder nur mit den Maßen der ihnen bekannten Welt mäßen (ebd., S. 219). Der psychoanalytischen Reduktion der mystischen Erlebnisse hält Rolland entgegen, daß sie „die große Bedeutung der dort niedergelegten Erfahrungen hinsichtlich vollständiger Wahrnehmung des Wirklichen und seiner geistigen Durchdringung" (ebd., S. 8) völlig verkenne.

Tatsächlich ist die mystische Erfahrung nichts anderes als die Wahrnehmung der Wirklichkeit selbst. Die mystische Erfahrung nimmt eine Dimension der Wirklichkeit wahr, die den meisten Menschen (die im rationalen Bewußtsein oder gar noch im magischen oder mythischen Bewußtsein gefangen sind) verborgen ist. Die Welt, wie sie dem rationalen Bewußtsein erscheint, wird zwar von diesem weitgehend korrekt, aber eben **unvollständig** wahrgenommen. Die mystische Wahrnehmung erschließt die Tiefendimension der Wirklichkeit. Das, was in Wahrheit eine vollständige Wahrnehmung der Wirklichkeit ist, als pathologischen Zustand oder als Ausdruck eines primitiven seelischen Zustandes anzusehen, ist grundsätzlich verfehlt. Aber es ist wahr, daß mystische Erfahrungen sich relativ häufig in Zuständen der Ich-Labilität ereignen, daß sie also aus einem pathologischen Zustand hervorgehen können. Wir sahen dies bereits am Beispiel des Steinklopferhanns, der in einer Fieberkrankheit zu seiner Erfahrung der ersten Wirklichkeit durchbrach. [Ich gehe davon aus, daß Anzengruber hier eine eigene Erfahrung beschrieb.]

Ähnlich wiederfuhr es einem anderen, noch bedeutenderen österreichischen Schriftsteller, nämlich dem jungen Robert **Musil**, der allerdings nicht in organischer Krankheit, sondern in Zusammenhang mit der Krankheit der ersten Verliebtheit unversehens in die mystische Welt einbrach: [In einem frühen Entwurf zum Roman „Der Mann ohne Eigenschaften" heißt es: „Anders [so hieß damals noch die Hauptfigur, die später Ulrich heißen sollte] war ins Herz der Welt geraten. Von ihm zur Geliebten war es eben so weit wie zu dem Grashalm bei seinen Füßen oder zu dem fernen Baum auf der himmelskahlen Höhe jenseits des Tals. (...) Anders fühlte auch nicht mehr, daß die Landschaft, in der er lag, außen war; sie war auch nicht innen; das hatte sich aufgelöst oder durchdrungen" (MoE, neue Ausgabe, S. 1637f.). Hier ist eine authentische mystische Erfahrung, kein pathologischer Zustand beschrieben. Gleichwohl ist diese Erfahrung geboren worden aus einer Labilisierung des Ich, deren Umstände ich an anderer Stelle untersucht habe. Robert Musil war zwar als junger Mann in die mystische Wirklichkeit eingebrochen, aber er konnte seine Erfahrung nicht festhalten. Er konnte zwar das Tor zur Wirklichkeit für kurze Zeit aufstoßen, aber das Tor schloß sich wieder und er fand keinen Weg, es dauerhaft zu öffnen. Dennoch war Musil aufgrund seiner enormen Introspektionsfähigkeit und schriftstellerischen Potenz in der Lage, äußerst luzide Beschreibungen des mystischen Zustands, des „anderen Zustands", wie er ihn nannte, zu geben. Die gerade angeführte Beschreibung eines mystischen Erlebnisses aus einer Vorfassung des Romans liest sich in der veröffentlichten Fas-

sung so:] „Er war ins Herz der Welt geraten; von ihm zu der weit ent-
fernten Geliebten war es ebenso weit wie zum nächsten Baum; Inge-
fühl verband die Wesen ohne Raum, ähnlich wie im Traum zwei Wesen einander durchschreiten können, ohne sich zu vermischen und
änderte alle ihre Beziehungen (...). Lief da zum Beispiel ein Käfer an
der Hand des Denkenden vorbei, so war das nicht ein Näherkommen,
Vorbeigehen und Entfernen und es war nicht Käfer und Mensch, sondern es war ein unbeschreiblich das Herz rührendes Geschehen, ja
nicht einmal ein Geschehen, sondern obgleich es geschah, ein Zustand" (MoE, alte Ausgabe, S. 125).

Aus Musils Worten geht klar hervor, daß es trotz intensivster Erfahrung der Einheit mit allem nicht zu einer Vermischung der Wesen
kommt. Es ist ein Zustand der **Einheit von Identität und Differenz**.
Ich werde diese Formel, die auf Hegel[1]) zurückgeht, später noch ausführlich erläutern. Die mystische Erfahrung hat ein besonderes Verhältnis zur Zeit. Sie ist in Musils Worten ein „Geschehen, ohne daß
etwas geschieht" (MoE, alte Ausgabe, S. 1148); es ist ein zeitlicher
Vorgang, der zugleich zeitloser Zustand ist. Die Musilsche Formulierung läßt bereits erkennen, daß es in der mystischen Erfahrung zu
einer eigentümlichen **Verschränkung** von Zeit und Zeitlosigkeit
kommt.

Dies wird auch aus der folgenden Passage, die dem Roman–Kapitel
„Atemzüge eines Sommertages" entnommen ist, deutlich. Die Szene-
rie: Ulrich und seine Schwester Agathe sitzen an einem Sommertag in
ihrem Garten. „Die Zeit stand still, ein Jahrtausend wog so leicht wie
ein Öffnen und Schließen des Auges, sie war ans Tausendjährige
Reich gelangt [gemeint ist mit dem Tausendjährigen Reich hier das
mystische Zeitalter des Joachim von Fiore], Gott gar gab sich vielleicht zu fühlen. Und während sie, obwohl es doch die Zeit nicht
mehr geben sollte, eins **nach** dem anderen das empfand; und während
ihr Bruder, damit sie bei diesem Traum nicht Angst leide, **neben** ihr
war, obwohl es auch keinen Raum mehr zu geben schien: schien die
Welt, unerachtet dieser Widersprüche, in allen Stücken erfüllt von
Verklärung zu sein" (MoE, alte Ausgabe, S. 1144).

Hier ist die Verschränkung von Zeit und Zeitlosigkeit explizit ausgesprochen. Ebenso die Erfahrung der Einheit mit allem. Darüber hinaus wird die Anwesenheit Gottes empfunden, die als Verklärung der Welt in Erscheinung tritt. All dies sind Merkmale einer echten mystischen Erfahrung von einer gewissen Tiefe.

[Wir werden gleich noch an den Zeugnissen der Mystiker sehen, daß noch weitaus tiefere Erfahrungen möglich sind, und daß das, was Musil hier beschreibt, lediglich eine erste Annäherung, eine Oberfläche der Mystik darstellt.]

Ich blicke auf das bisher Skizzierte zurück, **fasse zusammen** und bringe eine kleine, aber wesentliche Korrektur an. Zunächst: **Freud** deutet das ozeanische Gefühl als Relikt eines narzißtischen Ursprungszustandes. Er gesteht das Phänomen der Allverbundenheit zu, kann diesem Phänomen aber keinen spirituellen Sinn abgewinnen. Seine Haltung ist im wesentlichen die eines psychologischen Reduktionismus. Die Gegenposition nimmt **Rolland** ein, der im ozeanischen Gefühl die Quelle aller Religiosität sieht und es als Ausdruck der Gottheit selbst, als echte spirituelle Erfahrung versteht. Auch **Wittgenstein** erkennt die Mystik an, verbannt sie jedoch aus dem sprachlichen Kommunikationszusammenhang. **Musil** hat authentische mystische Erfahrungen, wenn auch nur von kurzer Dauer und begrenzter Tiefe; er kann sie mit größter Luzidität beschreiben, kann sie aber nicht festhalten und aus der Mystik eine Lebenshaltung, ein neues Bewußtsein entstehen lassen. Freud, Rolland, Wittgenstein und Musil ist gemeinsam, daß sie die mystische Erfahrung entweder mit einem Gefühl in Verbindung bringen oder gar gleichsetzen. Diese Ansicht aber halte ich für irreführend. Bei der echten mystischen Erfahrung handelt es sich nicht um ein Gefühl, sondern um einen anderen Bewußtseinszustand. Es geht um eine qualitativ neue, vom rationalen, vom magischen, mythischen und auch archaischen Bewußtsein– Unterscheidungen, die auf **Jean Gebser**[2] zurückgehen – gleichermaßen unterschiedene Bewußtseinsstruktur. Das ozeanische Gefühl ist noch nicht dieses Bewußtsein selbst, sondern sein Ausläufer, sein

Abkömmling [um eine Freudsche Begriffsprägung hier in anderem Kontext zu verwenden]. Ebenso verhält es sich mit dem im Hannibal–Zitat von Grabbe beschriebenen Urvertrauen. Das Urvertrauen gründet sich in letzter Instanz nicht auf eine geglückte frühe Mutter–Kind–Beziehung, sondern auf die primäre Wirklichkeit, die im mystischen Bewußtsein erfahren wird. Das Urvertrauen, das zwischen Mutter und Kind entsteht, ist bereits eine Erscheinungsform der realen [primordialen] Geborgenheit im Universum, die in der mystischen Erfahrung erschlossen wird.

Diesem Bewußtsein, wie es in den Zeugnissen der Mystiker aller Religionen aufscheint, und insbesondere der Beziehung dieses mystischen Bewußtseins zur Zeit, der mystischen Zeiterfahrung also, werde ich mich nun zuwenden.

(II)

Wenn ich nun die Zeugnisse der Mystiker vortrage, dann werden manche diese Aussagen unverständlich und befremdlich finden. Ich möchte Sie bitten, mit den Aussagen, die ich Ihnen vortragen werde, so umzugehen, wie Sie es in der Analyse mit Äußerungen des Patienten, die Ihnen zunächst unverständlich sind, tun würden. Hören Sie also bitte mit gleichschwebender und wohlwollender Aufmerksamkeit, die sich durch das Befremdliche dieser Äußerungen nicht stören läßt, zu, um den Sinn der Botschaft auf Wegen, die nicht allein die des Verstandes sind, doch noch zu erfassen.

[Im Folgenden untersuche ich schriftlich fixierte Zeugnisse von Mystikern, die dem Hinduismus, dem Buddhismus und dem Christentum zugeordnet werden. Die Mystik ist nach meiner Auffassung das **Körnchen Wahrheit** in den Religionen und zwar das Körnchen, das **alle** Wahrheit enthält. Echte Mystik ist nach meiner Auffassung nicht konfessionsgebunden, ist transkonfessionell, ist immer Ausdruck derselben Wahrheit. Dennoch unterscheiden sich die Ausdrucksformen der Mystik je nach kulturellem Hintergrund und konfessioneller Gebundenheit des Mystikers.

Warum habe ich nicht auch Beispiele der islamischen und der jüdischen Mystik ausgewählt? Es liegt nicht daran, daß es diese Zeugnisse nicht gäbe. Der Grund ist der, daß ich hier nur Quellschriften verwenden wollte, die ich selbst intensiv studiert habe und daß meine Kenntnis der islamischen und jüdischen mystischen Quellen sehr begrenzt ist.]

Ich beginne mit einem einzigen Satz aus der **Bhagavadgita**, einer Grundschrift des Hinduismus. Die Rahmenhandlung ist die, daß der Held und Gottsucher Arjuna sich genötigt sieht, gegen seine eigenen Verwandten in den Krieg zu ziehen. Sein Wagenlenker Krishna nutzt die tragische Konfliktsituation, in die sich Arjuna gestürzt sieht, um ihn in das Geheimnis der Mystik einzuweihen. Vor den versammelten, zum Kriege gerüsteten Fürsten sagt Krishna zu Arjuna: „Nie war die Zeit, da ich nicht war und du und alle diese Fürsten" (II, 12). Ich wiederhole diesen Satz: „Nie war die Zeit, da ich nicht war und du und alle diese Fürsten."

Im **Johannes–Evangelium** sagt Jesus: „Ehe Abraham ward, bin ich" (Joh 8,58). Was Jesus hier von sich selbst sagt, sagt er nach mystischer Überzeugung – wie Krishna in der Bhagavadgita – von allen Menschen.

Wie dies zu verstehen ist, wird durch die Ausführungen von **Meister Eckhart** klar. Ich zitiere aus Predigt 2:
„Ich habe auch öfters schon gesagt, daß eine Kraft in der Seele ist, die weder Zeit noch Fleisch berührt; sie fließt aus dem Geiste und bleibt im Geiste und ist ganz und gar geistig" (Quint, S. 161; BDK I, S. 29, Z 30ff.). Die Gottheit gebiert sich immer neu als Form und diesen Vorgang nennt Eckhart Gottesgeburt: „Der ewige Vater gebiert seinen ewigen Sohn in dieser Kraft ohne Unterlaß so, daß diese Kraft den Sohn des Vaters und sich selbst als denselben Sohn in der einigen Kraft des Vaters mitgebiert" (Quint, S. 161; BDK I, S. 30f.). Dieser Satz ist ein sehr kurzer Ausdruck der Trinitätslehre Eckharts, die besagt, daß die Gottheit sich jeden Augenblick „ohne Unterlaß" kreiert, also in einer **permanenten Selbstschöpfung** begriffen ist, in der Schöpfer, Geschöpf und schöpferische Kraft eins sind. Das Universum ist also nichts anderes als die permanente Selbsterschaffung Gottes **als** Universum. In dieser geistigen Kraft ist der Mensch eins mit der Gottheit und deshalb gilt für den Menschen, der die Erfahrung dieser Einheit macht, daß er auch in die Zeitlosigkeit der Gottheit eintritt. Was ist mit dieser Zeitlosigkeit der Gottheit gemeint? Eckhart verwendet hier einen bestimmten Begriff, der mit dem mittelhochdeutschen Wort „nu" bezeichnet ist. [Dieses Wort wird meist mit dem heute ungebräuchlich gewordenen Ausdruck „das Nun" übersetzt.] „Nu" als Zeitadverb wie als Substantiv aber bedeutet schlicht und einfach „gerade jetzt". Man kann auch sagen: „dieser Augenblick". Eckhart sagt nun von der Gottheit oder Wesensnatur, die allem zugrundeliegt und sich in allem ausdrückt: „Der Augenblick, in dem Gott den ersten Menschen schuf, und der Augenblick, in dem der

letzte Mensch vergehen wird, und das „gerade jetzt", da ich spreche, die sind gleich in Gott und sind nichts als **ein** „gerade jetzt" (BDK I, S. 31, Z 16-19)[3]. [Ich wiederhole den Satz im mittelhochdeutschen Original: „Daz nû, dâ got den êrsten menschen inne machete, und daz nû, da der leste mensche inne sol vergân, und daz nû, dâ ich inne spriche, diu sint glîch in gote und enist niht dan éin nû."]

Und was für die Gottheit gilt, das gilt auch für den mit der Gottheit eins gewordenen mystischen Menschen: „Er wohnt in **einem** „gerade jetzt", allzeit neu, ohne Unterlaß" (ebd., Z. 25 f.). Dies nenne ich mit Gebser **Zeitfreiheit**[4]. Diese Zeitfreiheit gilt von jedem Menschen, nicht nur vom mystischen Menschen; in der Mystik wird diese Wahrheit, die immer da ist, die immer gültig ist, lediglich realisiert.

Wie gelangt man nun zu dieser Erfahrung? Es ist in einem mittelalterlichen Gedicht, das von dem Mediävisten Kurt Ruh Meister Eckhart zugeschrieben wird, so beschrieben: „Werde wie ein Kind, werde taub, werde blind! Dein eigenes Ich muß zunichte werden, alles Etwas und alles Nichts wirf über Bord! Laß den Raum, laß die Zeit, meide auch jede Vorstellung! Geh ohne Weg den schmalen Pfad, dann findest du die Spur der göttlichen Wüste. Der Weg führt dich in eine wunderbare Wüste, die unausmeßbar sich ausdehnt. Die Wüste hat weder Zeit noch Raum, ihre Beschaffenheit kommt nur ihr allein zu" (meine Übersetzung). Der göttliche Grund ist ohne Zeit. Und so muß die Zeit erst einmal abgestreift werden, so muß das Ich, das aufs Engste mit der Zeit verbunden ist, erst einmal überwunden werden, um diesen göttlichen Urgrund erfahren zu können[5]. Dies ist das Ziel eines jeden spirituellen Weges.

[Auch hier lese ich noch einmal die mittelhochdeutschen Verse, denn ihre Sprachkraft ist unerreicht:
„Wirt als ein kint
wirt toup, wirt blint!
dîn selbes icht
mûz werden nicht,
all icht, all nicht trîb uber hôr!
lâ stat, lâ zît,

ouch bilde mît!
genk âne wek
den smalen stek,
sô kums du an der wûste spôr." (Kurt Ruh, Meister Eckhart, Seite 48f.)]

Ich fasse Eckharts Ausführungen in meinen Worten zusammen:

Die mystische Erfahrung der Zeit ist die Erfahrung des ununterbrochenen „gerade jetzt". In der mystischen Erfahrung gibt es keine Vergangenheit und es gibt keine Zukunft. Denn: die vergangene Zeit ist vergangen, sie existiert nicht mehr. Und die zukünftige Zeit ist noch nicht gekommen. Sie existiert noch nicht. Was alleine existiert, ist dieser eine Augenblick.

Und dieser eine Augenblick existiert als ununterbrochener Augenblick. Und in diesem ununterbrochenen Augenblick findet Schöpfung statt, jeden Augenblick neu. Dieses Universum wurde nicht vor 15 Milliarden Jahren geschaffen, sondern es wird **jetzt** geschaffen. Denn das Universum ist nichts anderes als die permanente Selbstmanifestation, Selbstschöpfung der Gottheit. In dieses „gerade jetzt" des schöpferischen Augenblicks zu kommen, das ist das Ziel jedes spirituellen Weges. Das heißt aber genau da anzugelangen, wo man schon ist. Das ist alles. Wer diese Erfahrung der Zeitfreiheit auch nur ein einziges Mal gemacht hat, der hat keine Angst mehr vor dem Tod.

[Denn er hat erfahren, daß das, was er zutiefst ist, keinen Anfang und kein Ende hat, niemals geboren wurde und daher auch niemals sterben kann. Dies ist nicht zu verwechseln mit dem Glauben an die Unsterblichkeit einer individuellen Seele. Dies ist nicht zu verwechseln mit dem Glauben an Reinkarnation eines personalen Ich. Zeitfreiheit zu erfahren bedeutet im Gegenteil schon in diesem Leben den Tod des kleinen Ich zu erfahren. Daraus ergibt sich: Nicht die individuelle Seele ist unsterblich, sie ist nur eine vergängliche Form des Bewußtseins, die sich ohnehin schon in diesem Leben auflösen soll, um ganz der Wesensnatur Platz zu machen, sondern die Wesennatur selbst, Gott selbst, der sich in dieser Form ausdrückt, ist unsterblich, weil ohne Anfang und ohne Ende. Das Ungeborene und Unsterbliche drückt sich aus **als** Geborenwerden und Sterben. Weil unser Geist wesenhaft mit diesem ungeborenen unsterblichen Allgeist identisch ist, sind auch wir ungeboren und unsterblich. Gott ist unsterblich – so auch wir, insofern wir mit ihm identisch sind in unserem Wesen – und nicht unser kleines Ich. Es gibt aber nichts außer Gott. Auch alles Sterbliche ist göttlichen Ursprungs, göttlichen Wesens, ist Form Gottes.]

Leben in Zeitfreiheit bedeutet also einfach Leben im jetzigen, ununterbrochenen Augenblick[6]: Jetzt stehe ich auf. Jetzt gehe ich ins Bad. Jetzt putze ich meine Zähne. Jetzt wasche ich mich usw. Alle diese Augenblicke sind **ein** ununterbrochener Augenblick, sind die Kontinuität des Lebens. Und diese simple Kontinuität des Lebens ist die simple Manifestation der Kontinuität des göttlichen Lebens.

Und nun sind Sie vielleicht genügend darauf vorbereitet, die Ausführungen des Zen–Meisters Dogen zu hören, der eine Generation vor Meister Eckhart in Japan lebte.

In seinem Hauptwerk „Shobogenzo" hat Dogen ein Kapitel der Zeit gewidmet. Das Kapitel ist mit dem japanischen Begriff uji überschrieben. Uji ist ein Kompositum von u und ji. U bedeutet Etwas, Sein, Existenz, Wesen. Ji ist Zeit. Dogen interpretiert uji immer ganz wörtlich als „das Zeit–Wesen". Eine andere Übersetzung von uji ist „Sein–Zeit". Ich übersetze frei [aus der ausgezeichneten englischen Übersetzung von Tanahashi]:

„Sein–Zeit bedeutet: Zeit selbst ist Sein und alles Seiende ist Zeit" (1/76). „Myriaden von Formen (...) gibt es im Universum, und doch ist jede Form (...) das ganze Universum. Die Erforschung dieser Wahrheit ist der Beginn des Zen–Weges. (...) Da es nichts als nur diesen Augenblick gibt, ist das Zeit–Wesen alle Zeit. Jede Form ist Zeit. Jeder Augenblick ist alles Sein, ist die ganze Welt. Gibt es irgendein Wesen oder irgendeine Welt außerhalb des gegenwärtigen Augenblicks?" (4/77)

„Alle Dinge im ganzen Universum sind miteinander verknüpft als Zeit–Momente. Da alle Zeit–Momente nichts anderes als das Zeit–Wesen sind, sind sie nichts anderes als **dein** Zeit–Wesen[7]" (7/78).

„Die Sein–Zeit hat die Qualität des Fließens. Das sogenannte Heute fließt in das Morgen, das Heute fließt in das Gestern, das Gestern fließt in das Heute. Und das Heute fließt in das Heute, das Morgen fließt in das Morgen.
Weil das Fließen eine Qualität der Zeit ist, überschneiden sich Augenblicke der Vergangenheit und Gegenwart nicht, sie reihen sich aber auch nicht aneinander" (8/78).

Aus Dogens Worten geht klar hervor, daß die Vorstellung, daß Augenblicke wie an einer Perlenschnur aneinander gereiht seien, daß die naive lineare Vorstellung von Zeit also, von Dogen grundsätzlich aufgehoben wird zugunsten eines Zeitverständnisses, in dem die gesamte Vergangenheit in der Gegenwart aufgehoben, in der Gegenwart präsent ist und auch keine Trennung gegenüber der Zukunft besteht. Interessanterweise findet auch ein Rückfluß der Zeit vom Heute zum Gestern statt. Diese Vorstellung dürfte bei uns Psychoanalytikern durchaus auf Verständnis stoßen, denn sie liegt ja unserer Auffassung von der Reversibilität der Zeit bei psychischen Vorgängen zugrunde. Die Vergangenheit wird ja nur im Jetzt wahrgenommen und die Beschaffenheit des Jetzt beeinflußt die Wahrnehmung der Vergangenheit. Durch die veränderte Wahrnehmung der Vergangenheit aber wird die Repräsentanz der Vergangenheit selbst verändert und damit ihr Einfluß auf das Jetzt. Daher gibt es einen Rückfluß der Zeit vom Heute zum Gestern und parallel dazu ein Fließen der Zeit vom Heute zum Heute. [Vergangenheit und Gegenwart wechselwirken miteinander, aber ebenso wechselwirkt die Gegenwart mit sich selbst. Denn alle Zeit–Wesen wechselwirken jeden Augenblick untereinander und bilden **ein** Zeit–Wesen.]

Dogen sagt weiter: „Die Menschen sehen nur das Kommen und Gehen der Zeit und sie verstehen nicht, daß die Sein–Zeit in jedem Augenblick unveränderlich bleibt" (12/79).

„Denke nicht, daß der Fluß der Sein–Zeit wie Wind und Regen ist, die von Osten nach Westen treiben. Das Universum ist nicht unveränderlich, ist nicht unbeweglich. Es fließt. [Ein Ausspruch, der bekanntlich im Westen auf Heraklit zurückgeht.] Dieses Fließen ist wie der Frühling. Der Frühling mit seinen zahlreichen Facetten wird als (über–)strömend bezeichnet. Wenn der Frühling überquillt, dann gibt es nichts außerhalb des Frühlings.(...) Unveränderlich entspringt der Frühling dem Frühling. Obwohl das Fließen selbst nicht der Frühling ist, ereignet sich das Fließen fortwährend durch den Frühling. So ist das Fließen [der Sein–Zeit] gerade jetzt, in diesem Frühlingsaugenblick vollendet" (14/80)[8)].

Ich fasse die Ausführungen Dogens in einer Formel zusammen, die er selbst gegeben hat. Diese Formel enthält zunächst ein Zitat aus dem Herz–Sutra: „Form ist Leere [Leere wie das Meer]. Leere ist Form." Dogen setzt dieser berühmten Formel aber noch zwei weitere, zunächst tautologisch klingende Sätze hinzu: „Form ist Form. Leere ist Leere" (Vergleiche Shobogenzo, Band I, Kap. 2, S. 28[9)]). Erst diese ganze viergliedrige Formel „ Form ist Leere. Leere ist Form. Leere ist Leere. Form ist Form." ist eine vollständige Aussage über die **Struktur der Wirklichkeit**. Um diese Formel zu verstehen, muß man sich zunächst klarmachen, daß Dogens Leere der Gottheit, dem göttlichen Nichts bei Meister Eckhart entspricht. Übersetzen wir dann die Dogensche Formel ins Christliche, d.h. in die Sprache Meister Eckharts, dann lautet sie: „Gott ist Mensch. Mensch ist Gott. Gott ist Gott. Mensch ist Mensch." Die Struktur der Wirklichkeit besteht also in einer Selbsteingrenzung des Unendlichen; sie umfaßt die Immanenz Gottes zugleich mit seiner Transzendenz und sie enthält die Zeitlichkeit des Menschen als Kreatur und die Zeitlosigkeit seiner Wesensnatur.

[Zen ist kein naiver Pantheismus. Der naive Pantheismus identifiziert einfach die Form mit Gott. Er bedenkt nicht, daß das Absolute, das ja grenzenlos ist, sich zwar in der Form verkörpert, aber als Begrenztes[10)]. Das Absolute grenzt sich in der Form ein. Das grenzenlose Absolute grenzt sich ein als Mensch, als Pflanze, als Tier, als Galaxie, als Universum.

Daher sind die zwei letzten Glieder der Dogenschen Formel alles andere als tautologisch:

Leere ist Leere. Form ist Form.]

Die Dogensche Formel ist gleichbedeutend mit der Formulierung von der „Einheit von Identität und Differenz", die ich im Einleitungskapitel meines Vortrags gebrauchte. Einheit von Identität und Differenz bedeutet: Alle Wesen sind verschieden. Dies ist eine selbstverständ– liche, von jedermann einsehbare Wahrheit. Alle Wesen sind iden– tisch. Diese Wahrheit kann nur von jemandem lebendig verstanden werden, der in die Wesenswelt, die essentielle Welt eingebrochen ist, der also eine tiefe mystische Erfahrung gemacht hat. Einheit von I– dentität und Differenz meint, daß alle Formen von einander verschie– den **und** miteinander identisch sind. Sie sind miteinander identisch in der Wesenswelt und sie sind von einander verschieden in der phäno– menalen Welt. Der Mystiker erfährt diese Einheit und Gleichzeitig– keit von Identität und Differenz. Die Wesenwelt aber ist eins mit der phänomenalen Welt. In der Logik des Absoluten stehen diese Aussa– gen in keinerlei Widerspruch zueinander. Das Gleiche gilt für folgen– de Aussagen: Alle Wesen sind zeitlich. Alle Wesen sind zeitlos. Inso– fern alle Wesen miteinander identisch sind (in ihrer Wesensnatur nämlich), sind sie auch zeitlos. Und insofern alle Wesen voneinander verschieden sind (als Phänomene), sind sie auch zeitlich. Daher ist die mystische Erfahrung die Erfahrung der **Einheit von Zeit und Zeitlosigkeit**, der Einheit von Endlichem und Unendlichem (Hegel).

Und jetzt möchte ich von den Gipfeln der Mystik wieder herabsteigen in das Tal der Psychoanalyse.

(III)

Ich berichte nun von spirituellen Erfahrungen, die ich in meiner analytischen Praxis beobachten konnte. Ich berichte von drei Patienten, die ich A, B und C nenne.

Patient A hatte in seiner Analyse gewisse Probleme auf vorläufige Weise gelöst, aber keinen Frieden gefunden. Er war von dem Erfolg der Analyse enttäuscht. Sie hatte ihm zwar geholfen, mit bestimmten neurotischen Konflikten besser umgehen zu können, aber sie hatte ihn nicht glücklich gemacht. In dieser Situation nimmt er die Zen–Meditation, die er bereits früher erlernt, aber wieder aufgegeben hatte, mit großer Entschlossenheit wieder auf. Zu diesem Zeitpunkt träumt er, daß er auf dünnem Eis eine Skiwanderung unternimmt. Er entledigt sich aller seiner Kleidungsstücke, bis auf die Unterhose, und läuft über das dünne Eis. Was dieser Traum bedeutet, geht aus dem unmittelbar folgenden Erlebnis hervor. Der Traum symbolisiert das Loslassen des Ich, den Mut, alle Abwehr aufzugeben und sich über dünnes Eis in die grenzenlose Weite aufzumachen. Wenige Tage später erlebte er in der Meditation, wie sich plötzlich eine grenzenlose Leere vor ihm öffnete und er in diese Leere eintauchte. Sein Ich hatte sich aufgelöst oder war zurückgetreten, er erlebte sein Einssein mit der vollkommen leeren göttlichen Präsenz. Er erlebte ein maßloses Glücksgefühl und einen tiefen inneren Frieden. In der Analysestunde sagte er: „Ich habe meine Heimat gefunden." Wenige Tage später hatte er wieder einen Traum: Er träumte, daß er wie schwerelos, ohne Boden unter seinen Füssen zu spüren oder sonst etwas wahrnehmen zu können, wie in einem feinen, weißen Nebel mit großer Geschwindigkeit lief. Er hörte nur das Keuchen seines Atems, ohne etwas anderes wahrnehmen zu können. Dann lichtete sich der Nebel und er sah ein Dorf vor sich, das wie andere Dörfer auch war, ihm jedoch völlig unbekannt. Er suchte nach einer Telefonzelle, um jemand anrufen zu können, der ihm sagen sollte, wo er sich befinde, um ihn dort abzuholen. Auch dieser Traum ist wie der vorherige eine Ankündigung des nun folgenden tiefen Kensho [Kensho ist das japanische Wort für einen Einbruch in die Wesenswelt]: Wiederum einige Tage später saß er im Bus auf dem Weg von der Analysestunde nachhause. Plötzlich war alles verändert. Die Menschen im Bus, der Bus selbst, die Straße, durch die der Bus fuhr, waren wie in grelles Licht getaucht; alles erschien ihm ungeheuer plastisch und gleichsam von Innen heraus mit größter vibrierender Intensität erfüllt. Und was das Wichtigste war, er erlebte sich als vollkommen eins mit all dem. Er war der Busfahrer, der Bus, die Insassen des Busses, die Straße, der Himmel. Er war all dies und zugleich war er er selbst. Im ersten Augenblick glaubte er, daß er psychotisch geworden sei, dann wurde ihm in einem jähen Glücksgefühl, das auch etwas Bestürzendes hatte, klar, daß er in die Wirklichkeit eingebrochen war, die er immer gesucht hatte.

Dieser Zustand der Überwachheit, der Überschärfe aller Sinneswahrnehmungen und des völligen Einsseins mit allem, dieser Zustand, sich in einer neuen Welt zu befinden, die doch die alte war, aber auf eine unbegreifliche Weise verändert, sollte noch einige Tage anhalten, um dann zu verblassen.

[Aber der Patient konnte durch seine Meditation immer wieder in diesen Zustand zurückkehren und in ihm verweilen. Es wurde mehr und mehr sein gewöhnlicher Bewußtseinszustand; er gewöhnte sich daran, in dieser neuen Welt zu sein. Mit diesen beiden Erfahrungen begann seine Bewußtseinstransformation und es war längst nicht die letzte Erfahrung, die er machte.]

Aber ich möchte an dieser Stelle vorläufig innehalten und noch einmal einen Blick zurückwerfen auf den Traum. Es ist klar, daß der Nebel im Traum, der Zustand, in dem der Träumer nichts wahrnehmen konnte, sondern nur seinen Atem spürte, daß dieser Zustand die Leere, die Nichtform, auf die er bereits in seinem ersten Erlebnis gestoßen war, bedeutete. Das Dorf, das vor ihm lag, als der Nebel sich lichtete, ist einfach die Welt der Form. Der Patient hat die Identität der Welt der Leere und der Welt der Form erfahren. Er hat die Verbindung zwischen beiden erlebt. Es genügt nicht, nur die Welt der Leere zu erfahren, sondern die Erfahrung ist erst dann von Wert, wenn die Identität der Leerheit mit der Form erlebt wird. Das ist das, was in der Formel: „Form ist Leerheit und Leerheit ist Form" ausgedrückt ist.

Was hat das alles mit der Zeit zu tun? Nun, der Patient hat erfahren, daß es in der Leerheit keine Zeit, keinen Raum, keine Form gibt. Zeit, Raum und Formen sind Erscheinungsformen der Leerheit. Das ist es, was der zweite Traum und das zweite tiefere Kensho des Patienten ausdrücken. Wiederum etwas später sagte der Patient zu mir: „ Nie hat sich etwas ereignet." Dies ist eine Aussage über die andere Seite der Wirklichkeit. Form ist Nichtform. Wer auf die Nicht-Form der Form blickt erkennt: Der Kosmos ist vollkommen leer. Jeder Mensch, jedes Tier, jede Pflanze ist so leer wie leerer Raum[11]. Jede Form ist Ausdruck des leeren Allgeistes. Die Aussage, daß sich niemals etwas ereignet hat, ist eine Aussage über die absolute Leere und Zeitlosigkeit der Gottheit.

Ich verlasse nun Patient A und wende mich einem anderen Patienten, B, zu. [Ich werde in späterem Zusammenhang noch einmal auf A zurückkommen.]

Patient B hatte, nachdem ihn seine Frau verlassen hatte, eine schwere Krise mit massiver Depression erlebt, aus der er sich mit Hilfe der Therapie befreien konnte. Er hatte sich wieder stabilisiert, seine Lebensverhältnisse zufriedenstellend geordnet und eine neue Partnerin gefunden. Zu dem Zeitpunkt, als er folgenden Traum träumte, befand er sich in einem sehr guten und stabilen psychischen Zustand, weit entfernt von irgendeiner Krise. Er träumt, daß er auf der Straße seinen Großvater trifft, der ihn ein Stück Weges begleitet, an einem Gartenzaun entlang, und sich dann verabschiedet, um in das Haus zu treten, das zu dem Garten gehört.

Dieser Traum wäre völlig banal, wenn nicht der Patient während des Traumes eine so überwältigende Liebe empfunden hätte, die von seinem Großvater ausging, daß er vollkommen umgeworfen davon war. Der Patient ist ein sensibler, liebesfähiger Mann, der seine neue Partnerin und seine Kinder auf eine ganz unegoistische Weise liebt. Er weiß, was menschliche Liebe ist. Er sagte zu mir, daß er noch nie in seinem Leben eine so intensive Liebe erfahren habe wie in diesem Traum. Es sei eine völlig neue Dimension von Liebe, von einer Intensität, die alle menschlichen Grenzen sprenge. Er hatte in dem Traum **die** Liebe erfahren, die göttliche Liebe, die mit menschlichem Maß

28

nicht zu messen ist. Der Großvater in seinem Traum war sozusagen das Medium dieser Liebe geworden.

[Ich habe diesen Traum genausowenig gedeutet, wie die beiden vorherigen des Patienten A. Die Patienten haben selbst die Interpretation ihrer Träume gegeben, im Falle des Patienten A im Nachhinein und im Falle des Patienten B sofort. Ich habe nichts anderes getan, als diese Erfahrungen zu bestätigen, sie anzuerkennen als das, was sie sind, nämlich Erfahrungen der Wesensnatur.]

Das Erlebnis des Patienten B lehrt, daß eine tiefe spirituelle Erfahrung auch außerhalb und unabhängig von jeder Krisensituation geschehen kann. [Im Gespräch mit dem Patienten zeigte sich dann auch, daß er schon früher spirituelle Erfahrungen machte, daß er Einheitserfahrungen besonders im Zusammenhang mit Musikhören kennt und daß er offenbar eine spirituelle Begabung hat, die er nur zu entfalten braucht. Der Patient hat die göttliche Liebe in personifizierter Form erfahren. Sein Großvater war übrigens tatsächlich ein sehr liebevoller Mann und der Patient hatte eine sehr intensive zärtliche Beziehung zu ihm. Der nächste Schritt wäre, diese Liebe im Wachen zu erleben und gestaltlos zu erleben.] Auch bei diesem Patienten war es so, daß er diese Therapiestunde, in der er von diesem Traum berichtete, als die intensivste seiner gesamten Therapie empfand. Er weinte Tränen der Freude und des Glücks in dieser Stunde.

Nun zu dem **Patienten C**. Er ist ein sehr begabter, in seinem Beruf überaus erfolgreicher, ja brillanter Mann. Er leidet an einer ausgeprägten Zwangsneurose. Im Zusammenhang mit einer Kindheitserinnerung, als er 3 Jahre alt war und die Mutter ihn zum ersten Mal verlassen hatte, erlebte der Patient in Ausarbeitung dieser Erinnerung einen heftigen Durchbruch seiner mörderischen Gefühle gegenüber seiner Mutter, die er unter Anzeichen heftigsten Affekts in einem Tagtraum in der Analysestunde umbrachte. Auf diesen Mord folgten mehrere Wellen schmerzlichster Schuldgefühle, dann veränderte sich die Befindlichkeit des Patienten plötzlich auf dramatische Weise, er schien von einer Kraft ergriffen zu sein, sprach vom Himmel, der offenstehe, sprach von einem Licht, das er wahrnehme und stammelte schließlich nur noch: Gnade, Gnade. Auch dieser Patient hat eine intensive und authentische spirituelle Erfahrung gemacht, die bei ihm jedoch episodisch geblieben ist.

[Obwohl wir in der Stunde ausführlich über sein Erlebnis sprachen, das er im übrigen ganz in den Begriffen des Katholizismus deutete, in dem er erzogen worden war, kam er später nie wieder darauf zurück und es scheint mir, daß er sich schämte, diese Erfahrung gemacht zu haben. Dennoch hatte diese Erfahrung, wie ich aus meiner Beobachtung sicher sagen kann, einen sehr ausgeprägten Veränderungseffekt auf den Patienten. Sein Bedürfnis, sich selbst zu quälen, war in der Folge dramatisch reduziert. Schulderleben im Zusammenhang mit Tötungsimpulsen gegenüber der Mutter und andern Objekten hatte der Patient schon vorher erlebt und davon eine deutliche Befreiung erfahren. Diese Stunde aber war etwas ganz Besonderes gewesen und der nachhaltige Effekt, der dadurch erzielt wurde, geht nicht auf das kathartische Schulderleben alleine zurück.]

An dieser Stelle möchte ich zum Vergleich noch einmal auf den Patienten A zurückkommen. Denn auch er hat in einer ganz ähnlichen Situation in der Analyse eine ähnliche Erfahrung, aber von ganz anderer Tiefe und Bedeutung gemacht.

Patient A sah in einem Tagtraum ein schlagendes Herz vor sich, das zugleich das Herz seiner Mutter wie das Herz seines Therapeuten war. Er fühlte eine immense Zerstörungskraft in sich, die im Begriff war, in seiner Phantasie dieses Herz zu vernichten. Zugleich wurde er von einem heftigen Schmerz aus Reue und Schuld ergriffen. So weit könnte die Schilderung auch von einem Patienten ohne spirituelle Erfahrung stammen. Das was nun kommt, geht aber über die alltägliche, dem gewöhnlichen Bewußtsein zugängliche Erfahrung hinaus. Denn der Patient begriff, daß er sein eigenes Herz zerstörte, wenn er das Herz seiner Mutter und seines Therapeuten angriff. Darüber hinaus begriff er in einem jähen Entsetzen, daß dies vor ihm schlagende Herz das Herz der Welt sei, das er zerstören wollte. Dies hatte einen paradoxen Effekt: Einerseits steigerte sich der Schuldschmerz des Patienten in äußerster Weise und andererseits erfuhr der Patient zugleich, daß das Herz der Welt unzerstörbar ist, daß er selbst dieses unzerstörbare Herz ist, das aus reiner Liebe besteht. Es ereignete sich das Paradoxe, daß der Patient zugleich mit einer unerhört gesteigerten Schuld seine vollkommene Unschuld erfuhr. Der Patient begegnete den in seinem Unbewußten aufgespeicherten zerstörerischen Impulsen gegenüber seiner Mutter und der damit verbundenen Schuld, aber er begegnete auch seiner Wesensnatur, die vollkommen makellos ist und nie von Schuld befleckt werden kann. Die Wesensnatur durchdrang als aktuelle Erfahrung die zugleich erfahrene Schuld und hob sie auf. Dies ist mehr als nur ein kathartischer Vorgang.

Patient A hatte aufgrund seiner Zen–Erfahrung Gott als einen apersonalen Gott, als alldurchdringendes **Es** kennengelernt und er käme nicht auf die Idee, seine Erfahrung noch in den alten Bildern eines personalen Gottes, der seinem Geschöpf vergibt, zu formulieren. Unter dem Gesichtspunkt der Zeitfreiheit könnte man den Vorgang beschreiben als eine Begegnung der zeitlichen schuldigen Gestalt dieses Menschen mit seinem zeitlosen makellosen Wesensgrund.

Unter diesem Gesichtspunkt lassen sich alle spirituellen Erlebnisse, die in diesem Abschnitt geschildert wurden, zusammenfassen: Die Erfahrung der universellen Liebe, die Patient B machte, der im Traum die All–Liebe – vermittelt durch die Gestalt seines Großvaters – erfuhr, das ist die Begegnung mit der zeitlosen Liebe. Patient C machte ebenfalls eine Erfahrung von zeitloser Liebe, die er als Gnade erlebte, in die er sich jedoch nur sehr begrenzt hineinwagen konnte und die er auch nur in sehr begrenzter Weise verstehen konnte. In allen drei Fällen aber geschah in unterschiedlicher Tiefe und Klarheit eine vorübergehende Aufhebung der Scheidung zwischen zeitlicher und zeitloser Existenz.

Ich komme zum Schluß. Die mystische Erfahrung der Zeit ist die Erfahrung der zeitlosen Wesensnatur der menschlichen Existenz. Die Erfahrung unserer zeitlosen Wesensnatur aber befähigt uns, frei unsere zeitliche Existenz zu leben. Zeitfrei in der Zeit zu sein heißt Leben in diesem einen Augenblick.

Ich danke Ihnen für Ihre Aufmerksamkeit.

Anmerkungen

Das Motto ist aus dem „Tractatus" (6.431). Ich verdanke den Hinweis Norbert Cabla.

1) „Enzyklopädie der philosophischen Wissenschaften" I, § 82, Zusatz S. 178f.

2) Vgl. „Ursprung und Gegenwart". Bd. I, 1949; Bd. II, 1953

3) Vgl. auch   Predigt 9, BDK I, S. 104f., Z 30 f.
    Predigt 40, Quint, S. 346, Z 1
    Predigt 44, Quint, S. 363, Z 32

4) Vgl. „Ursprung und Gegenwart". Bd. II, S. 13f.

5) Vgl. Eckhart: Predigt 38, BDK I, S. 408, Z 1 ff.
    Predigt 25, Quint, S. 269, Z 11–19

6) Vgl. „Mumonkan", S. 63

7) Hervorhebung von A. U.

8) Vgl. auch Michael von Brück „Wo endet Zeit?", S. 227ff. + 233ff.

9) Ich beziehe mich hier notgedrungen auf die im Theseus–Verlag erschienene deutschsprachige Ausgabe, da der Text bei Tanahashi fehlt.

10) Teisho von Willigis Jäger auf dem Neujahrssesshin 2000 und Rundbrief 22

11) „Alle Kreaturen sind ein reines Nichts" (Eckhart, Quint, S. 453).

Der Autor ist Zen–Schüler von Willigis Jäger
(Haus St. Benedikt, St. Benedikt–Straße 3, 97072 Würzburg).

Literaturliste

v. Brück, Michael: Wo endet Zeit? In: Was ist Zeit? K. Weis (Hg.)
DTV. München 1995

Dogen Zenji: Shobogenzo.
Theseus. Zürich 1989
Moon in a dewdrop. Ed. by Kazuaki Tanahashi
North Point Press. New York ^{9}2000

Eckhart, Meister: Werke (BDK). N. Largier (Hg.).
Deutscher Klassiker Verlag. Frankfurt/M. 1993

Deutsche Predigten und Traktate. J. Quint (Hg.).
Diogenes. Zürich 1979

Freud, Sigmund: Gesammelte Werke (G.W.).
Fischer. Frankfurt/M. 1960

Karl Abraham. Briefe 1907–1926.
H.C. Abraham und E.L. Freud (Hg.).
Fischer. Frankfurt/M.^{2} 1980

Lou–Andreas–Salome. Briefwechsel.
E. Pfeiffer (Hg.).
Fischer. Frankfurt/M. 1966

Gebser, Jean: Ursprung und Gegenwart.
Deutsche Verlags–Anstalt. Stuttgart.
1. Band 1949, 2. Band 1953

Hegel, Georg W.F.: Werke. E. Moldenhauer und K. Michel (R).
Suhrkamp. Frankfurt/M. 1986

Musil, Robert:	Der Mann ohne Eigenschaften. A. Frisé (Hg.). Rowohlt. Reinbek bei Hamburg 1952 Sonderausgabe 1974 (abgekürzt: MoE)
	Der Mann ohne Eigenschaften. Rowohlt. Reinbek bei Hamburg 1978 (neue Ausgabe)
Rolland, Romain:	Vivekananda. Erster Halbband: Das Leben des Vivekananda. Zweiter Halbband: Ramakrishnas und Vivekanandas Universales Evangelium. P. Amann (Ü). Neuausgabe der 1929 vollendeten Texte. Kugler. Oberwil b. Zug 1987
	Stefan Zweig. Briefwechsel 1910–1940. Rütten und Loening. Berlin 1987
Ruh, Kurt:	Meister Eckhart. Beck. München ²1989
Wittgenstein, Ludwig.:	Geheime Tagebücher. 1914–1916. Wilhelm Baum (Hg.). Turia und Kant. Wien 1991
	Tractatus logico–philosophicus. Suhrkamp. Frankfurt/M. 1976
Viereck, George S.:	Schlagschatten. Eigenbrödler. Berlin. Zürich o.J.
Yamada Koun (Hg.):	Mumonkan. Zen–Meister Mumons Koan–Samlung. Kösel. München 1989

Vortrag auf dem Symposion

„Psychoanalytiker und die Mystik des Judentums,
des Christentums und des Islam"

in Regensburg (24. Februar 2002)

Christliche Mystik – Meister Eckhart

(I)

„Meister Eckharts Leben (ca. 1260–1328)", so schreibt der bedeutende Mediävist Kurt Ruh, „fällt in eine Zeit epochaler Wandlungen, die fast alle Lebensgebiete umfaßte" (Ruh, S.18). Die meisten von uns haben einen Eindruck von dieser Zeit durch den großartigen Roman von Umberto Eco „Der Name der Rose", der zur Zeit des Papstes Johannes XXII. spielt. Schon sein Vorgänger Clemens V. hatte 1309 den Papstsitz von Rom nach Avignon verlegt, das sich nach einem Wort des Dichters Petrarca zu einem „Babylon des Westens" entwickelte.

Avignon ist der Schauplatz der letzten Lebensstation Meister Eckharts. In Avignon wird ihm Johannes, Jaques Cahors, einer der habgierigsten und machtbesessensten Päpste, die die Geschichte je gesehen hat, den Prozeß wegen Ketzerei machen. Eckhart wird den Ausgang dieses Prozesses nicht mehr erleben. Er stirbt wahrscheinlich in Avignon. Die Umstände seines Todes sind nicht geklärt. Nach seinem Tod werden 28 Sätze aus seinem Werk von Johannes feierlich verdammt. Diese Sätze enthalten den Kern der Lehre Meister Eckharts. Damit ist insgesamt seine Mystik verworfen. Die Schriften Meister Eckharts wurden in die Liste der verbotenen Bücher der Kirche aufgenommen und von diesem Index niemals abgesetzt. Eine Rehabilitation Meister Eckharts hat nicht stattgefunden.

Meister Eckhart war einer der bedeutendsten und auch der berühmtesten Theologen seiner Zeit. Er war hochrangiger Spirituale im Dominikanerorden, also für die geistliche Bildung in den Klöstern zuständig. Ihm widerfuhr die Ehre, zweimal an die damals berühmteste Universität des Abendlandes in Paris berufen zu werden. Diese Ehre wurde neben Meister Eckhart nur Thomas von Aquin zuteil.

Was ist es, was Meister Eckhart lehrte? Der Roman von Umberto Eco beginnt mit den Worten: „Im Anfang war das Wort, und das Wort war bei Gott, und Gott war das Wort." Das sind die Worte aus dem Prolog des Johannes–Evangeliums. Meister Eckhart hat zwar einen lateinischen Kommentar zu diesem Prolog geschrieben, aber ich möchte in dieser Einführung nicht primär auf dieses akademische Werk bezug nehmen, sondern auf ein volkssprachliches mystisches Lied mit dem Titel **„Granum sinapis"**, zu deutsch „Senfkorn", das von Kurt Ruh Meister Eckhart zugeschrieben wird.

Ich lese dieses Lied Strophe für Strophe vor, zunächst im mittelhochdeutschen Original, dann in der neuhochdeutschen Übersetzung von Kurt Ruh.

Das Gedicht gliedert sich in acht Teile:

I.

In dem begin	In dem Beginn
hô uber sin	hoch über (alles) Begreifen
ist ie daz wort.	ist das Wort.
ô rîcher hort,	O reicher Hort,
dâ ie begin begin gebâr!	da stets Beginn Beginn gebar!
ô vader brust,	O Vaterbrust,
ûz der mit lust	aus der mit Lust
daz wort ie vlôz!	das Wort stets floß!
doch hat der schôz	Doch hat der Schoß
daz wort behalden,	das Wort behalten,
daz ist wâr.	das ist wahrlich so.

In dieser Strophe wird mit verschiedenen Bildern vom göttlichen Urprinzip gesprochen, das am Anfang steht, das der Anfang und Urgrund von allem ist. Es wird Beginn, Wort, reicher Hort und Gebärschoß genannt. Aus der Vaterbrust strömt „mit Lust" das Wort. Doch nicht so, daß das Hervorbringende und das Hervorgebrachte, das Gebärende und das Geborene zwei wären: „doch hat der Schoß das Wort behalten". Hier taucht zum ersten Mal etwas auf, was im Zen „nicht–zwei" genannt wird. Das Hervorbringende und das Hervorgebrachte, das Gebärende und das Geborene, das Urprinzip und die daraus entspringende Form sind nicht voneinander getrennt, sind nicht von einander geschieden. Sie bleiben eins. Im Zen ist die Entsprechung hierzu die Identität von Leere und Form, wie sie im Herz–Sutra, einer zentralen buddhistischen Lehrschrift, klar ausgesprochen ist. Es wird

Ihnen aufgefallen sein, daß im Unterschied zum Johannes–Prolog, der ähnlich beginnt, es nicht heißt: Im Anfang war das Wort. Sondern es heißt: Im Anfang **ist** das Wort. Und es heißt: Stets gebar der Beginn sich selbst. Das bedeutet, daß das Urprinzip, das hier schöpferisch tätig ist und der Schöpfungsakt selbst (ist), zeitlos sind (ist). Schöpfung stand nicht am Anfang, sondern jetzt ist Anfang und jetzt gebiert der Anfang sich selbst. Immer ist Schöpfung, in jedem Augenblick, weil das Wesen jeden Augenblick Zeitlosigkeit ist. Immer ist jetzt, immer ist Anfang. Immer gebiert der Anfang sich selbst. Immer fließt aus der Vaterbrust das Wort. Immer gebiert Gott sich selbst, jeden Augenblick neu. Und nie ist Gott von sich selbst getrennt, immer bleibt er in der Hervorbringung seiner selbst bei sich. „Doch hat der Schoß das Wort behalten, das ist wahrlich so."

II.

Von zwên ein vlût,	Von zwei als eine Flut,
der minnen glût,	der Minne Glut,
der zweier bant,	der zweier Band,
den zwein bekant,	den zweien bekannt,
vlûzet der vîl sûze geist	fließt der liebsüße Geist
vîl ebinglîch,	ebengleich,
unscheidelîch.	untrennbar.
dî drî sîn ein	Die drei sind eins
weiz du waz? nein.	Weißt du ihr Wesen? Nein
iz weiz sich selber aller meist.	Es versteht sich selbst am besten.

Die zweite Strophe knüpft unmittelbar an die erste an. Sie führt zu den zwei genannten Größen Vaterbrust und Wort, Gebärendes und Geborenes, Hervorbringendes und Hervorgebrachtes eine dritte Größe ein. Diese dritte Größe geht aus den beiden anderen Größen hervor und verbindet sie und bildet eine Einheit mit ihnen. Sie wird genannt: Flut, Glut der Liebe, Band, süßer Geist. In der traditionellen theologischen Terminologie kann man vom Heiligen Geist sprechen. Es ist dasjenige, was als Geist und Liebe eine geistliche Liebesbeziehung zwischen dem Urprinzip und der Form wirkt. Wieder wird nachdrücklich auf das Paradox aufmerksam gemacht, daß alle drei Größen untrennbar, unscheidbar, eins sind, obwohl sie sich voneinander unterscheiden müssen. „Die drei sind eins." Kennst du ihr Wesen? Nein.

Der Satz sagt klar, daß der Mensch niemals das Wesen Gottes verstehen kann. Gott versteht sich selbst. Im Zen wird das, was die christliche Mystik mit „Vater" bezeichnet, „Leerheit" genannt. Und das, was die christliche Mystik „Sohn" oder wie hier „Wort" nennt, das wird im Zen als Form angesprochen. Das, was die christliche Mystik als heiligen Geist, als Unio mystica, als vereinigende Gottesliebe bezeichnet, wird im Zen als Satori, als Kensho oder als Erleuchtung bezeichnet. Die Erleuchtung stützt sich wie im Christlichen auf zwei Säulen: die allumfassende, alle Wesen einschließende Liebe (Karuna) und die nicht verstandesmäßige Erkenntnis des eigenen Wesens, das mit der Leerheit identisch ist. Ich sehe bis hierher eine vollständige Übereinstimmung in all diesen Punkten zwischen der christlichen Mystik und dem Zen.

III.

Der drîer strik	Der Strick der drei
hat tîfen schrik,	löst tiefes Erschrecken aus,
den selben reif	diesen Reif
nî sin begreif:	hat nie Verstand begriffen:
hir ist ein tûfe sunder grunt.	Hier ist Tiefe ohne Grund.
schach unde mat	Schach und Matt
zît, formen, stat!	der Zeit, den Formen, dem Ort!
der wunder rink	Der Wunderring
ist ein gesprink,	ist Ursprung,
gar unbewegit stêt sin punt.	unbeweglich steht sein Punkt.

In dieser Strophe wird beschrieben, was den Menschen zunächst erfaßt, der eine mystische Erfahrung macht. Was sich hier dem Menschen eröffnet, kann der Verstand nicht begreifen, weshalb tiefes Erschrecken ausgelöst wird. Rudolf Otto hat vom „tremendum" der Gotteserfahrung gesprochen. Gott ist eine Tiefe, ein Meer ohne Grund. Er ist eine Schatzkammer ohne Boden. Er kann nur in einem Bewußtseinszustand erfahren werden, in dem Zeit, Raum und alle Formen außer Kraft gesetzt sind.

Dieser Geisteszustand, der in der Meditation angestrebt wird, wird im Zen Samadhi genannt, Zustand der Sammlung und des Eintauchens in die Leerheit. Der Wunderring der Dreifaltigkeit und der Schöpfung – denn es gibt nichts, was nicht Gott selbst wäre, was nicht Hervorbringung Gottes als er selbst wäre – ist „ein gesprink".

Ruh übersetzt hier Ursprung, womit aber das sinnliche Bild der Quelle, das eigentlich dahintersteht, verlassen wird. So wie in einer Quelle das hervorsprudelnde Wasser sich stets erneuert und doch die Quelle in der Erneuerung bestehen läßt und aufrechterhält, so schafft sich Gott in einem ständigen Schöpfungsprozeß stets neu und erhält sich. In der Quelle steckt auch wieder die Lust, mit der das Wort der Vaterbrust entfließt. Die Quelle drückt die Freude des Schöpfers am Vorgang der Schöpfung aus. Doch die andere Seite ist, daß in Wahrheit die Quelle unbeweglich bleibt, daß auf der anderen Seite Gott unbeweglich bleibt, daß er derselbe ist in allen Zeiten und durch alle Hervorbringungen seiner selbst hindurch. Inmitten des gigantischen Kosmos mit seinen Myriaden von Erscheinungsformen, seinem Entstehen und Vergehen ist Stille. Man hat treffend vom Auge des Taifuns gesprochen. Hier ist der Taifun die Quelle, deren Mittelpunkt unbewegt bleibt.

IV.

Des puntez berk	Des Punktes Berg
stîg âne werk,	besteige ohne (Eigen) werk,
vorstentlichkeit!	Vernünftigkeit!
Der wek dich treit	Der Weg führt dich
In eine wûste wunderlîch,	in eine wunderbare Wüste,
dî breit, dî wît,	die breit, die weit,
unmêzik lît.	unausmeßbar sich ausdehnt.
dî wûste hat	Die Wüste hat
noch zît noch stat,	weder Zeit noch Stätte,
ir wîse dî ist sunderlîch.	ihr Dasein kommt nur ihr allein zu.

Hier wird der Punkt zum Berg. Das Kleinste wird zum Größten. Und diesen Berg Gottes gilt es zu packen, aber ohne Aktivität. Ruh übersetzt „vorstentlichkeit" mit „Vernünftigkeit". Ist der Satz so zu verstehen, daß die Vernunft hier außen vorbleiben muß oder geht es um ein Begreifen ohne Ich–Aktivität ? Das Begreifen, um das es hier geht, ist keine Verstandestätigkeit, es hat mit Vernunft überhaupt nichts zu tun. Nur in der Erleuchtungserfahrung kann es erfaßt werden. Der Text weist darauf hin, daß es um eine Erfahrung geht, in der jede Ich–Aktivität suspendiert ist. Das Ich und seine Aktivitäten ist außer Dienst. Solange die Ich–Struktur und ihre Aktivitäten noch festgehalten werden, solange ist diese Erfahrung nicht möglich. Der Weg der Meditation führt den Meditierenden in die Wüste Gottes. Die Wüste Gottes ist zeitlos und ortlos. Ihr Sein ist unvergleichlich, kommt nur ihr selbst zu, ist verschieden vom vergänglichen Sein der Kreaturen.

V.

Daz wûste gût	Die Wüste, dieses Gut
nî vûz durch wût,	durchschritt nie ein Fuß,
geschaffen sin	geschaffener Sinn
quam nî dâ hin:	gelangte nie dahin:
us ist und weis doch nimant was.	Es ist und niemand weiß, was es ist.
us hî, uz dâ,	Es ist hier, es ist da,
us verre, us nâ,	es ist ferne, es ist nah,
us tîf, uz hô,	es ist tief, es ist hoch,
us is also,	es ist so beschaffen,
daz us ist weder diz noch daz.	daß es weder dies noch das ist.

Die göttliche Wüste wird beschrieben und zwar sowohl in positiven als auch negativen Aussagen. Niemand kann Gott ausmessen. Der Verstand, was hier als geschaffener Sinn übersetzt wird, kann Gott niemals begreifen, geschweige denn zu Gott gelangen. Das göttliche Es ist, aber niemand weiß, was es ist. Es ist überall zu finden und doch ist es mit nichts gleichzusetzen. Es hat alle Eigenschaften und doch hat es keine Eigenschaften. Es ist alles und doch ist es zugleich nichts von all dem.

VI.

Us licht us clâr,
us finster gâr,
us unbenant,
us unbekant,
beginnes und ouch endes vrî,
us stille stât,
blôs âne wât,
wer weiz sîn hûs?
der gê her ûz,
und sage uns, welich sîn forme sî.

Es ist hell, es ist klar,
es ist ganz finster,
es ist ohne Namen,
es ist unerkannt,
frei von Beginn und Ende,
es steht stille,
ist bloß, ohne Kleid.
Wer kennt sein Haus?
Der komme daher,
Und sage uns, von welcher
Gestalt es sei.

Es, die göttliche Wüste, die göttliche Leerheit ist von strahlender Helligkeit und Klarheit und zugleich von vollständiger Dunkelheit. Es hat keinen Namen, ist unerkannt und unerkennbar, anfang– und endelos, also zeitfrei. In einem Text des Zen–Meisters Daio Kokushi heißt es: „Es gibt eine Wirklichkeit, die vor Himmel und Erde steht. Sie hat keine Form, geschweige denn einen Namen. Augen können sie nicht sehen. Lautlos ist sie, nicht wahrnehmbar für Ohren. Sie Geist oder Buddha zu nennen, entspricht nicht ihrer Natur, wie das Trugbild einer Blume wäre sie dann. Nicht Geist noch Buddha ist sie; vollkommen ruhig erleuchtet sie in wunderbarer Weise" (zit. aus der Textsammlung des Hauses St. Benedikt, S. 35). Für mich ist die Übereinstimmung der beiden Texte offensichtlich. Das mittelalterliche Lied spricht von einer nackten Gottheit. Eckhart tut dies an zahllosen Stellen seines Werkes (ich werde darauf zu sprechen kommen). Ein in England entstandener mittelalterlicher Text – die „Wolke des Nichtwissens" – spricht vom „Schauen ins nackte Sein". Es gibt eine nackte Gottheit, das ist nur ein anderer Ausdruck für die Leere, für das göttliche Nichts, aber es gibt auch ein Kleid Gottes, eine bekleidete Gottheit und dies ist nichts anderes als ein Ausdruck für den Kosmos, für das Universum. Die Frage, die uns hier in der VI. Strophe gestellt wird, klingt wie eine Koan–Frage: Wer kennt das Haus Gottes? Wer kann uns sagen, was das Haus Gottes ist und welche Gestalt Gott annimmt? Der trete vor und spreche! Die Antwort ist, daß Gott gestaltlos ist und Gestalt hat. Die Antwort ist, daß Gott vollständig leer ist, daß er das Nichts ist und daß er zugleich sich in jeder Form, vom sub-

subatomaren Teilchen bis hin zur Galaxie offenbart. Jede Pflanze, jedes Tier, jeder Mensch, jedes Ding ist eine Gestalt Gottes. Alles ist gottförmig, sagt Eckhart an anderer Stelle. Wie gelangt man nun zu solcher Erkenntnis?

VII.

Wirt als ein kint,	Werde wie ein Kind,
wirt toup, wirt blint!	werde taub, werde blind!
dîn selbes icht	Dein eigenes Ich
mûz werden nicht,	muß zunichte werden,
all icht, all nicht trîb uber hôr!	alles Etwas und alles Nichts treibe hinweg!
Lâ stat, lâ zît,	Laß Raum, laß Zeit,
ouch bilde mît!	meide auch das Bild!
genk âne wek	Gehe ohne Weg
den smalen stek,	den schmalen Pfad,
sô kums du an der wûste spôr.	dann findest du der Wüste Fußspur.

Wenn wir ichfrei werden können, wenn wir unsere Ich–Struktur loslassen können und wieder wie ein Säugling, der noch keine Worte und Begriffe hat, auf die Welt schauen können, wenn wir uns von unserer Verstrickung in unsere Konzepte befreien können, wenn wir wie taub und blind werden und jeden Gegensatz von Etwas und Nichts, von Sein und Nicht–Sein, jede Kategorie hinter uns lassen, wenn wir Raum und Zeit loslassen und uns kein Bild mehr machen, dann werden wir auf dem Weg der Meditation den schmalen Pfad finden, der uns direkt zu Gott führt.

Die letzte Strophe des Gedichts ist beides: Bitte um Erleuchtung und Beschreibung der Erleuchtung:

VIII.

Ô sêle mîn,	O meine Seele,

genk ûz, got în!	Geh aus, Gott ein!
sink al mîn icht	Sinke mein ganzes Etwas
in gotis nicht,	in Gottes Nichts,
sink in dî grûndelôze vlût!	Sinke in die grundlose Flut!
vlî ich von dir,	Fliehe ich von dir,
du kumst zu mir.	so kommst du zu mir.
vorlîs ich mich,	Verliere ich mich,
sô vind ich dich,	so finde ich dich,
ô uberweselîches gût!	o überwesenhaftes Gut!

Mein Ich muß Gott Platz machen. Alles, was ich bin, muß sich im göttlichen Nichts auflösen. Nirgendwohin kann ich mich dir, Gott, entziehen! Wenn ich vor dir davonlaufe, so kommst du mir nach. Wenn ich mich aber verliere, dann finde ich unweigerlich dich. Wer diese Zeilen begreift, der weiß, daß es nichts zu suchen gibt. Wer Erleuchtung erfährt, der erfährt, daß er von Anfang an in jedem Augenblick gottförmig war. Er wußte es nur noch nicht und erfuhr es erst mit seiner Erleuchtung. Wasser kann nicht nasser werden, sagt Zen. Du bist, was du bist, eine Erscheinungsform des göttlichen Urprinzips, von Anfang an und in jeder Situation. Und das, was du wesenhaft bist, dein wahres Sein, dein wahres Selbst ist das göttliche Selbst, ist anfang– und endelos, ist unzerstörbar, weil es Gott selbst ist, der sich im Menschen verkörpert.

Und das ist gewissermaßen das Skandalon der christlichen Mystik, daß sie sagt: Nicht nur Jesus war der Christus, d.h. der eingeborene Sohn Gottes, sondern jeder von uns, der Sünder wie der Gerechte, der Böse wie der Gute, der Verbrecher wie der Heilige ist Sohn und Tochter Gottes. Und darüber hinaus nicht nur jeder Mensch, sondern auch jedes Tier, jede Pflanze usw. ist nichts anderes als Gott selbst in dieser Erscheinungsform. Und es ist immer der ganze Gott, der in jeder dieser Formen erscheint. Thomas von Aquin lehrt, daß es in Gott keine Teile gibt. Und das ist ganz selbstverständlich auch die Anschauung Eckharts, die er aus seiner eigenen tiefen Erleuchtungserfahrung gewonnen hat. Wenn wir die Summe der christlichen Mystik ziehen, wie sie in diesem Gedicht auf, wie ich meine, unübertreffliche Weise dargestellt ist, dann verstehen wir, daß diese Mystik der Kirche ein Ärgernis sein mußte und daß sie bestrebt war, ihre Vertreter mundtot zu machen. Denn der Mensch, der Gott selbst erfährt, braucht keine Institution Kirche mehr. Er braucht keinen Glauben, er braucht keine Priester, er braucht keinen Ablaß, er braucht keine Befreiung von den Sünden, er braucht keinen Kreuzestod Jesu als Loskauf von seiner Sündhaftigkeit. Diese Mystik mußte in den Augen der Kirche Anarchie sein. Der Umgang der Kirche mit Frauen und Männern der Mystik hat sich bis heutezu nicht geändert. Wie ich vor vierzehn Tagen erfahren habe[1], ist mein Zen–Meister Willigis Jäger, der als Lehrer christlicher Kontemplation die Lehre Meister Eckharts verbreitet und in der Nachfolge Eckharts steht, sowie er als Zen–Lehrer in der Nachfolge Shakyamuni Buddhas steht, von Rom mit Redeverbot belegt worden – im Alter von 77 Jahren.

Ich wende mich nun einer Reihe von Belegstellen aus dem Werk Meister Eckharts zu, die mir zu beweisen scheinen, daß Meister Eckhart selbst der Verfasser des geistlichen Liedes ist. Der Titel des Liedes ist übrigens einem Kommentar zu dem Lied entnommen, dessen Verfasser unbekannt ist. Ruh führt gute Gründe an, daß der Verfasser des Kommentars nicht Meister Eckhart selbst gewesen ist. In diesem anonymen Kommentar heißt es von dem Gedicht, es sei „parvum in substantia, magnum in virtute", zu deutsch „klein in seiner Substanz, groß in seiner Kraft" (Ruh, S. 51). Es sei eben wie jenes Senfkorn, aus dem ein großer Baum wächst, welches schon Jesus als Gleichnis diente.

Dieser Teil meines Aufsatzes dient mehr der Untermauerung und der detaillierten Ausführung des bereits Gesagten und enthält nichts wirklich Neues. Er kann daher vom eiligen Leser ohne weiteres übersprungen werden.

---

[1] Dieser Vortrag wurde am 24.02.2002 gehalten.

(II)

Belegstellen aus Eckharts Werk zum „Granum sinapis "

<u>Zu Strophe I:</u>
„Das Eine ist Beginn ohne allen Beginn" (Das Buch der göttlichen Tröstung, S. 116, Zeile 7).
„Das Hervorgehende ist der Sohn des Hervorbringenden. Denn Sohn ist, wer ein anderer der Person nach, nicht ein anderes der Natur nach wird" (Kommentar zum Johannes–Prolog, BDK II, S. 493, Z 35ff.).
Aus dem eben Gesagten aber folgt, „daß der Sohn oder das Wort dasselbe ist, was der Vater oder der Ursprung ist" (ebda., S. 495).

Dann führt Eckhart aus, daß das Wort immer im Anfang ist: „Und wenn es immer **im Anfang** ist, dann ist die Geburt immer, das Entstehen immer. (...) Daher kommt es, daß der Sohn in der Gottheit, das Wort **im Anfang,** immer geboren wird, immer geboren ist" (ebda., S. 495). In Predigt 7 sagt Eckhart: „Der Vater gebiert seinen Sohn ohne Unterlaß, und ich sage mehr noch: Er gebiert mich als seinen Sohn und als denselben Sohn. Ich sage noch mehr: Er gebiert mich nicht allein als seinen Sohn; er gebiert mich als sich und sich als mich und mich als sein Sein und als seine Natur" (S. 185). Und im „Buch der göttlichen Tröstung" sagt er: „Werde Sohn, wie ich Sohn bin, geborener Gott, und (werde) dasselbe Eine, das ich bin, daß ich innewohnend, innebleibend in des Vaters Schoß und Herzen schöpfe" (S. 127). Daß Gott mit Lust den Sohn gebiert, schreibt Eckhart in Predigt 19: „Dort gebiert der Vater seinen Sohn und hat so große Lust an dem Worte, und er hat so große Liebe dazu, daß er niemals aufhört, das Wort zu sprechen, alle Zeit, d.h.: über der Zeit" (S. 238).

<u>Zu Strophe II:</u>
Im „Buch der göttlichen Tröstung" schreibt Eckhart: „Die Liebe hat dies von Natur aus, daß sie von Zweien als Eines ausfließt und entspringt. Eins als Eins ergibt keine Liebe, Zwei als Zwei ergibt ebenfalls keine Liebe; Zwei als Eins dies ergibt notwendig naturgemäße, drangvolle, feurige Liebe" (S. 116). Im „Buch der göttlichen Trös-

49

tung" sagt er: „Und dieses Eine macht uns selig, und je ferner wir dem Einen sind, um so weniger sind wir Söhne und Sohn, und um so weniger vollkommen entspringt in uns und fließt von uns der Heilige Geist; hingegen, je nachdem wir dem Einen näher sind, um so wahrhaftiger sind wir Gottes Söhne und Sohn und fließt auch Gott, der Heilige Geist von uns aus" (S. 123). Im Traktat „Vom edlen Menschen" sagt Eckhart: „Die göttliche Natur ist Eins, und jede Person ist auch Eins und ist dasselbe Eine, das die Natur ist" (S. 145).

In Predigt 16 sagt er: „Eine Schrift sagt: „Niemand erkennt den Vater als der Sohn" (Matthäus 11,27), und deshalb: Wollt ihr Gott erkennen, so müßt ihr dem Sohne nicht allein gleich sein, sondern ihr müßt der Sohn selber sein" (S. 227).

In Predigt 14 heißt es: „Der himmlische Vater gebiert in mich sein Ebenbild, und aus der Gleichheit entspringt eine Liebe, das ist der Heilige Geist" (S. 220).

Zu Strophe III:
Zum Gleichnis des Reifs: „Was alle Kreaturen haben, das hat Gott allzumal in sich. Er ist der Boden, der Reif aller Kreaturen" (Predigt 15, S. 222).

Zur Quellenmetapher: „Im innersten Quell, da quelle ich aus im Heiligen Geiste; da ist **ein** Leben und **ein** Sein und **ein** Werk" (Predigt 7, S. 185). Und in Predigt 26: „Gott **wird** („Gott"), wo alle Kreaturen Gott aussprechen: da **wird** „Gott". Als ich (noch) im Grunde, im Boden, im Strom und Quell der Gottheit stand, da fragte mich niemand, wohin ich wollte oder was ich täte**: da** war niemand, der mich gefragt hätte. Als ich (aber) ausfloß, da sprachen alle Kreaturen: „Gott"! (Predigt 26, S. 273).

Warum ist der Punkt der Quelle unbewegt? „Darum ist es unmöglich, daß in Gott irgendwie Veränderung fallen könne oder Wandlung. Was außer sich eine andere Stätte sucht, das ändert sich. Gott (aber) hat alle Dinge in sich in einer Fülle; darum sucht er nichts außerhalb seiner selbst, sondern nur in der Fülle, wie es in Gott ist" (Predigt 22, S. 251).

Zu Strophe IV:

Zur Bergmetapher: „Johannes war selbst der Berg, auf dem er das Lämmlein sah, und wer das göttliche Lamm sehen will, der muß selbst der Berg sein und in sein Höchstes und in sein Lauterstes gelangen" (Predigt 15, S. 222).

Zur Metapher der Wüste: Die Kraft der Seele „dringt bis auf den Grund und sucht weiter und erfaßt Gott in seiner Einheit und in seiner Einöde; sie erfaßt Gott in seiner Wüste und in seinem eigenen Grunde" (Predigt 11, S. 206).

Über Zeitlosigkeit und Raumlosigkeit dieser Wüste sagt Eckhart: „Wenn ich sage „Länge ohne Länge", so ist das (wahre) Länge; „eine Breite ohne Breite" das ist (wahre) Breite. Wenn ich sage „alle Zeit", so meine ich: oberhalb der Zeit, mehr noch: ganz oberhalb des Hier, wie ich oben sagte dort, wo es weder Hier noch Nun gibt" (Predigt 19, S. 238).

Zu dem besonderen Dasein, das nur Gott zukommt: „Einheit hat allein Gott. Gottes Eigenart ist die Einheit; daraus entnimmt Gott, daß er Gott ist, er wäre sonst nicht Gott" (Predigt 22, S. 254).

Zu Strophe V:
„Dennoch ist er weder dies noch das" (Predigt 24, S. 264).

Zu Strophe VI:
„Die verborgene Finsternis des unsichtbaren Lichtes der ewigen Gottheit ist unerkannt und wird auch nimmer mehr erkannt werden" (Predigt 24, S. 266). Eine Anspielung auf die Namenlosigkeit Gottes findet sich in Predigt 2 (S. 164). Die Unnennbarkeit Gottes erweist Eckhart in Predigt 20: „Es **kann** von Gott niemand das im eigentlichen Sinne aussagen, was er ist" (S. 242). Und in Predigt 21 zitiert er einen heidnischen Meister, „daß keine Zunge ein treffendes Wort über Gott auszusagen vermag wegen der Hoheit und Lauterkeit seines Seins" (S. 247). Zu Gott ohne Kleid sagt Eckhart: „Dabei müssen wir uns aller Bilder und Formen bloß und ledig halten wie Gott und müssen uns so entblößt ohne Gleichheit nehmen, wie Gott in sich selbst bloß und ledig ist" (Predigt 25, S. 269).

Und ähnlich in Predigt 14: „Diese Kraft nimmt Gott ganz entblößt in seinem wesenhaften Sein (...)" (S. 221). Vom Kleid Gottes ist in Predigt 20 die Rede: „Ein großes Heiligtum läßt man nicht gern unverhüllt berühren oder sehen. Deshalb hat er sich mit dem Gewande der Brotgestalt bekleidet (...)" (S. 242). Und auch in Predigt 21: „wie da, wo sich ein großes Heiligtum befindet. Das läßt man nicht unverhüllt berühren oder sehen; man faßt es in Kristall oder in sonst etwas. So auch tat's unser Herr, als er sich als einen andern sich gab" (S. 246). Zum Haus Gottes: „Das „Haus Gottes" ist die Einheit seines Seins!" (Predigt 19, S. 237).

Zu Strophe VII:
Gott muß in der Stille gefunden werden: „Vielmehr müssen alle Stimmen und alle Laute hinweg und es muß eine lautere Stille da sein, ein Stillschweigen" (Predigt 19, S. 237). Über das jesuanische Gleichnis vom Gastmahl sagt Eckhart: „Diese ladet alle ein, und ladet die Armen und die Blinden und die Lahmen und die Kranken. Diese werden hineinkommen zu diesem Gastmahl und sonst niemand" (Predigt 21, S. 250). Alle Bilder müssen hinweg: „Denn der Mensch muß aus allen Bildern und aus sich selbst ausgehen und allem dem gar fern und ungleich werden, wenn anders er (wirklich) den Sohn nehmen und Sohn werden will und soll in des Vaters Schoß und Herzen" (Vom edlen Menschen, S. 145). Und in derselben Schrift: „Auf diese Weise schaut man die Kreaturen ohne alle Unterschiede und aller Bilder entbildet und aller Gleichheit entkleidet in dem Einen, das Gott selbst ist" (S. 146). Man vergleiche auch das bereits zitierte Wort aus Predigt 25: „Dabei müssen wir uns aller Bilder und Formen bloß und ledig halten wie Gott (...)" (S. 269). Über den schmalen Steg heißt es in Predigt 21: „Je mehr sich die Seele gesammelt hat, um so enger ist sie, und je enger sie ist, um so weiter ist sie" (S. 250).

Zu Strophe VIII:
Zur Thematik dieser Strophe findet sich ein längerer Absatz in Predigt 17: „Es gibt drei Gründe, weshalb die Seele sich selbst hassen soll. Der eine Grund: soweit sie **mein** ist, soll ich sie hassen; denn soweit sie mein ist, soweit ist sie nicht Gottes. Der zweite (Grund):

weil meine Seele nicht völlig in Gott gesetzt und gepflanzt und widergebildet ist. Augustinus sagt: Wer will, daß Gott sein eigen sei, der muß zuvor Gottes eigen werden, und das muß notwendig so sein. Der dritte (Grund) ist: Schmeckt die Seele sich selbst, wie sie Seele ist und schmeckt ihr Gott **mit der Seele** , so ist das unrecht. Ihr sollt Gott **in ihm selbst** schmecken, denn er ist völlig oberhalb ihrer. Dies ist es, warum Christus sprach: „Wer seine Seele liebt, der verliert sie" (Joh. 12,25)" (S. 230). Daß man vor Gott nicht fliehen kann, sagt er in Predigt 23: „So auch geht es dem Menschen, der da wähnt, Gott zu entfliehen und er kann ihm doch nicht entfliehen; alle Winkel offenbaren ihn. Er wähnt, Gott zu entfliehen und läuft ihm in den Schoß. Gott gebiert seinen eingeborenen Sohn in dir, es sei dir lieb oder leid, ob du schläfst oder wachst; er tut das Seine" (S. 259f.).

(III)

Wenn Sie mich fragen, wie die Mystik, über die ich am Beispiel Meister Eckharts gesprochen habe, mich persönlich und in meiner Arbeit mit Patienten verändert hat, dann kann ich dazu folgendes sagen: Zu allererst haben meine Erfahrungen im mystischen Raum mir eine völlig neue Sicht meiner selbst und der Welt gegeben. Ich sehe buchstäblich die Welt anders als ich sie vorher sah. Die Mystik hat meine Weltsicht vom Kopf auf die Füße gestellt. Der ganze Kosmos ist durchdrungen von einer geistigen, formlosen und grenzenlosen Urkraft, ja der Kosmos **ist** dieses namenlose Es selbst. Es verwirklicht sich als dieses Universum. Das schöpferische Urprinzip des Universums manifestiert sich als dieses in ständiger Evolution begriffene Universum. Jede einzelne Form in diesem Universum ist ein vollständiger Ausdruck, eine Selbstmanifestation dieses Urprinzips. Dieses Urprinzip ist in sich vollkommen leer, struktur– und grenzenlos. Aber diese Leere birgt alle schöpferischen Potenzen in sich. Dieses Urprinzip kann erfahren werden als Bewußtseinsozean oder auch als All–Liebe. Wenn ich gesagt habe, daß meine Weltsicht vom Kopf auf die Füße gestellt wurde, so meine ich damit: Vor meiner Begegnung mit der Mystik glaubte ich, daß Menschen geboren werden und sterben und daß sie in dem kurzen Intervall zwischen diesen beiden Ereignissen sich Hoffnungsbilder machen, in denen sie sich nach Unsterblichkeit sehnen. Nach meiner mystischen Erfahrung sehe ich die Menschen und alle Wesen als zeitlich–räumliche Eingrenzung jenes zeitlosen und raumlosen Ur–Einen. Das Absolute grenzt, sagt Willigis Jäger, sich ein und macht zeitweilig Erfahrungen als Tier, als Pflanze, als Mensch. Das bedeutet, daß wir alle im Grunde, unserem Wesen nach ungeboren und daher unsterblich sind. Es ist das absolute Selbst, das in jedem einzelnen Menschen die Erfahrung des Geborenwerdens, des Lebens und des Sterbens macht. Aber wohlgemerkt: Nicht das Ich ist es, das ungeboren und daher unsterblich ist, vielmehr muß das Ich selbst losgelassen werden, damit die Erfahrung des Grundes möglich wird, in dem Gott, Mensch und Welt eins sind.

Wie hat diese neue Welt und Menschensicht nun meine praktische Arbeit mit Patienten verändert?

In erster Linie hat sich die Sicht meiner selbst und meiner Patienten grundlegend verändert. Ich sehe den Patienten, so wie er ist – mit all seiner Pathologie, seinen Verletzungen, seinen Traumatisierungen, seiner Gier, seinem Haß, seiner Verblendung als vollkommene Manifestation des Einen, der Gottheit. Und ich sehe mich selbst ebenfalls mit meiner Pathologie, meinen Traumatisierungen, meiner Gier, meinem Haß und meiner Verblendung als vollkommene Manifestation dieses Urprinzips. Daraus folgt, daß der Patient und ich in unserem Wesenskern völlig gleich sind. Er ist Ich selbst in anderer Ausprägung. Und ich bin er selbst in anderer Ausprägung. Das bedeutet auch, daß es in jedem Patienten, aber auch mir eine tiefste Ebene gibt, eine tiefste Schicht, einen Kern, der immer da ist, der aber nicht immer zugänglich ist, der oft verschüttet ist unter Verkrustungen, aber prinzipiell freigelegt werden kann, ein Kern, in dem dieser Mensch vollkommen heil ist: ohne Schuld, ohne Verletzung, ohne Haß, ohne Gier, ohne Verblendung, ohne Begrenzung durch Geburt und Tod und voll spontaner Liebe. Das hat für die praktische Arbeit zumindest **eine** sehr wichtige Konsequenz: Die tiefste Schicht in jedem Menschen ist niemals Verzweiflung, Ausweglosigkeit, Verlassenheit, Vernichtung, Bosheit, Zerstörung, sondern etwas ganz und gar Unzerstörbares, nämlich die göttliche Substanz selbst. Ich möchte das an einem einzigen kurzen Beispiel erläutern. Eine Patientin, die ein unwillkommenes Kind und zudem eine Frühgeburt war, regredierte in einer psychotherapeutischen Sitzung in einen Zustand größter Verzweiflung und scheinbar grenzenloser Verlassenheit. Während sie so verzweifelt war, konnte ich wahrnehmen, daß sie eingehüllt war in eine bergende Liebe, daß sie aber wie durch eine Mauer von dieser Liebe getrennt war. Ich sagte zu ihr: „Sie sind verzweifelt. Aber da ist noch etwas anderes. Und es gibt eine Barriere, die Sie von diesem anderen trennt. Können Sie durch diese Barriere hindurchgehen?" Die Patientin tat es und sie machte die Erfahrung einer überwältigenden tragenden Liebe, die überall und nirgends lokalisiert war. Es war eine ganz konkrete, leib– seelische Erfahrung, die die Verzweiflung der Patientin vollkommen auflöste, so daß sie ruhig, gelassen, heiter und liebessatt die Stunde verließ. Obwohl es in diese Liebe eine sehr starke Verbundenheit zwischen mir und der Patientin gab und beide Seiten dies auch so wahrnahmen, nahmen wir beide diese Liebe zugleich als etwas wahr, was keinem von uns beiden zugeordnet werden konnte, was in keinem von uns beiden seinen Ursprung hatte, sondern etwas, was einfach da war und uns beide durchdrang und erfüllte. Natürlich kann man versuchen, dieses Phänomen in traditionellen psychoanalytischen Begriffen zu erklären. Ich aber sehe dieses Erlebnis als eine gemeinsame spirituelle Erfahrung, die die Patientin und ich gemacht haben. Ohne meine eigene mystische Erfahrung wäre ich nicht in der Lage gewesen, wahrzunehmen, daß die Patientin inmitten ihrer Not eingehüllt war von einer umfassenden, haltgebenden Liebe, von der sie zugleich durch eine innere Wand getrennt war. Ich habe nichts anderes getan, als sie auf diese Wand aufmerksam zu machen. Und ich habe sie zuversichtlich aufgefordert, diese Wand zu überwinden. Denn ich konnte genau wahrnehmen, was hinter dieser Wand war. Und dieses Etwas, das weder meiner Person noch der Person der Patientin zuzuordnen war, bewirkte den heilsamen Effekt dieser Sitzung.

Die Mystik lehrt, daß der Kern der Welt nicht Destruktion, sondern Liebe ist. Obwohl die Urwirklichkeit sich auch als Destruktion vollzieht. Freud sprach von einem Ringen zwischen Eros und Thanatos und er äußerte die Hoffnung, daß die Liebe schließlich die Oberhand gewinnen werde (G.W. XIV, S. 506).

Freud hielt beide Kräfte für notwendig, um die Vielfalt der Lebenserscheinungen zu erzeugen. Auch die Mystik sieht in Destruktion und Konstruktion, in Auflösung und Vereinigung, in Geborenwerden und Sterben das Strukturprinzip des Kosmos. Aber im Gegensatz zu Freud, der sagen konnte, daß das Ziel allen Lebens der Tod sei (G.W. XIII, S. 40), kennt die Mystik keine Vernichtung. Thanatos kann die Wesensnatur, das ungeborene und unsterbliche Wesen in uns, nicht berühren. Das bedeutet auch, daß die Liebe unzerstörbar ist.

Ich hoffe, daß ich mit diesen wenigen Bemerkungen andeuten konnte, wie die Mystik meine Arbeit als Psychoanalytiker verändert hat. Ich komme zum Schluß.

Ein alter Sinnspruch, dessen Herkunft ich nicht klären konnte, lautet: „Ich bin und weiß nicht wer. Ich komm und weiß nicht woher. Ich geh und weiß nicht wohin. Mich wunderts, daß ich fröhlich bin."
Die Psychoanalyse muß vor der Frage nach dem Sinn des Lebens die Waffen strecken. Wenn die Sinnfrage in einem Menschen aufbricht – und es gibt Menschen, die davon qualvoll umgetrieben werden – dann stößt die Psychoanalyse an ihre Grenzen. Freud gestand ein, daß für ihn die Frage nach dem Sinn des Lebens nicht lösbar sei (G.W. XIV, S. 433). Es mag andere therapeutische Schulen und Richtungen innerhalb der Psychoanalyse geben, die einen Sinn des Lebens glauben angeben zu können. Tatsache ist, daß eine rationale Antwort niemals einem Menschen Frieden bringt, der wirklich von dieser Frage umgetrieben wird. Aber nur eine einzige tiefe mystische Erfahrung stellt diesen Frieden her. Ein für allemal. Freud hat die Psychoanalyse nicht wegen ihres Nutzens empfohlen, sondern wegen ihres Wahrheitsgehaltes. Und ebenso möchte ich nicht die Mystik wegen ihres zweifellos großen Nutzens empfehlen, sondern wegen der in ihr enthaltenen Wahrheit. Freud hat in den „Studien über Hysterie" das Therapieziel bescheiden formuliert: Man müsse zufrieden sein, wenn man am Ende das neurotische Elend in das gemeine Unglück verwandelt habe (G.W. I, S. 312).

Und sicherlich müssen wir froh sein, wenn es uns gelingt, dieses Ziel durch unsere therapeutischen Bemühungen zu erreichen. Ich sage das ganz ohne Zynismus.

Aber die Mystik lehrt, daß das Glück für den Menschen nicht unerreichbar ist. Freud meinte, daß man bei vorurteilsloser Prüfung den Eindruck gewinnen könne, daß das Glück im Schöpfungsplan nicht vorgesehen sei (G.W. XIV, S. 434).

Wir sind aufgerufen, diesen Satz zu widerlegen. War es in der Vergangenheit die Aufgabe der Psychoanalyse, die Menschen ins Reich jenseits des Ichs (G.W. XVII, S. 152), ins Es zu begleiten, so wird es eine zukünftige Aufgabe der psychoanalytischen Therapie sein, die Menschen in das Reich jenseits des Ichs, in das ES, das mit zwei Großbuchstaben geschrieben wird, zu begleiten.

Ich danke Ihnen für Ihre Aufmerksamkeit.

Zitierhinweis:

Alle Eckhart–Zitate stammen, soweit nicht mit dem Kürzel BDK ver-
sehen, aus: Meister Eckhart: Deutsche Predigten und Traktate. Herausgegeben und übersetzt von Josef Quint. Diogenes–Verlag, 1979.

Die mit dem Kürzel BDK versehenen Quellenhinweise stammen aus
der Bibliothek Deutscher Klassiker: Meister Eckhart. Werke I und II.
Texte und Übersetzungen. Herausgegeben von Niklaus Largier.
Deutscher Klassiker–Verlag, 1993.

Das Gedicht ist zitiert nach Kurt Ruh: Meister Eckhart.
Beck. München [2]1989, S. 48f..

Freud ist zitiert nach den „Gesammelten Werken" (G.W.).
Fischer. Frankfurt/M. 1960.

Anschrift des Verfassers:

Anton Uhl
Dipl–Psych., M.A.
Psychoanalytiker (DPG/DGPT)
Herrichstr. 27, 93049 Regensburg
Tel.: 0941–22459
Fax: 0941–24505